# 军事技能实训教程

主编　周长安　徐洪欣

东南大学出版社
·南京·

## 内 容 提 要

本教程根据《高级中学学生军事训练教学大纲》编写，扼要介绍了国防的概念及国防教育的重要意义；简单阐述了古今军事思想及我国安全环境与新军事变革；重点讲述了军训依据与目的、队列要求、单兵战术动作等基本技能，适合广大青少年在校学生作为军训教材使用。

**图书在版编目(CIP)数据**

军事技能实训教程/周长安等主编. —南京：东南大学出版社，2012.7(2020.8 重印)

ISBN 978-7-5641-3685-7

Ⅰ.①军…　Ⅱ.①周…　Ⅲ.①军事训练—中等专业学校—教材　Ⅳ.①G631.8

中国版本图书馆 CIP 数据核字(2012)第 167311 号

**军事技能实训教程**

| | |
|---|---|
| 出版发行 | 东南大学出版社 |
| 出 版 人 | 江建中 |
| 网　　址 | http://www.seupress.com |
| 电子邮箱 | press@seupress.com |
| 社　　址 | 南京市四牌楼 2 号 |
| 邮　　编 | 210096 |
| 电　　话 | 025-83793191(发行)　025-57711295(传真) |
| 经　　销 | 全国各地新华书店 |
| 印　　刷 | 虎彩印艺股份有限公司 |
| 开　　本 | 700 mm×1000 mm　1/16 |
| 印　　张 | 7 |
| 字　　数 | 150 千字 |
| 版　　次 | 2012 年 7 月第 1 版 |
| 印　　次 | 2020 年 8 月第 11 次印刷 |
| 书　　号 | ISBN 978-7-5641-3685-7 |
| 定　　价 | 24.00 元 |

# 前 言

强大和纪律严明的军队是国家独立与尊严的保证，是人民利益的捍卫者。习近平总书记在庆祝中国人民解放军建军90周年大会上强调：90年来，我们的国家、我们的民族历经挫折而奋起、历经苦难而辉煌，发生了前所未有的历史巨变，实现了从站起来到富起来、强起来的伟大飞跃。这是中国共产党坚强领导的胜利，是中国人民不懈奋斗的胜利，也是人民军队英勇奋战的胜利。

对青少年进行军事技能基础训练是国防教育的重要组成部分，既是学校国防教育的基础，也是全民国防教育的基础，是培养和增强青少年国防意识、国防观念的主要手段。基本军事技能实训既能培养学生的基本技能，又能促进学生集体主义、团结互助及吃苦耐劳等素质的全面提高。

1949年10月1日中华人民共和国成立，结束了近百年有国无防的屈辱历史，翻开了振兴中华的崭新篇章。特别是改革开放以来，我国经济飞速发展，综合国力不断加强，保卫国家安定和经济成果是我们每个青少年的责任和义务，既是公民道德的体现，也是法律义务的履行。《中华人民共和国兵役法》第四十三条规定："高等院校的学生在就学期间，必须接受基本军事训练。"《中华人民共和国预备役军官法》第十条规定，可以从非军事院校的毕业生中选拔预备役军官。《中华人民共和国国防法》第五十一条规定"公民应当接受国防教育"。《中华人民共和国国防教育法》第十五条对学校国防教育提出更明确的要求："高等学校、高级中学和相当于高级中学的学校应当将课堂教学与军事训练相结合，对学生进行国防教育。高等学校应当设置适当的国防教育课程。"

自觉接受国防教育，依法履行兵役义务是法律赋予我们青年的神圣义务。青少年是巩固我国国防、抵御外敌入侵、捍卫祖国独立、维护国家主权和领土领海完整的重要后备力量。因此，在校期间接受军事训练，学习、掌握基本的军事理论知识和军事技能，是青少年义不容辞的责任。

世界各国都非常重视国防教育体系的建设。美国不但制定有全民性的《国防教育法》，同时还制定了专门针对青壮年的《普遍军训与兵役法》，要求公民在规定的年龄内必须参加军训，履行兵役义务。尤其对在校学生军训已经形成了一整套完善的制度，以4年制学校为例，前两年为每周2～3学时学习基础军事课程，后两年增加至每周 5 学时，并参加一次为期 6 周的军事夏令营。这些学生在毕业以后，有相当一部分可能成为现役部队中非常出色的军官。从中可以看出，对青少年进行国防教育和军事训练是使其成为世界第一军事强国的重要基础之一。英国政府认为，现代国防教育不仅仅是现代军事意识、战争意识的教育，还应包括现代竞争意识、科学意识、自强意识、面向未来意识的教育，应从精神、军事、民防、经济、科技、心理、外交诸方面综合进行，以提高综合国力，增强国防实力，应付世界上各种风浪的冲击。俄罗斯的国防教育面向全体国民，要求每个公民必须在国立、市立或非国立中等普通教育机构和初级职业、中等职业教育机构以及有关社会团体的培训场所，学习和掌握国防、公民兵役义务的初级知识与国防方面的技能，特别是接受军事爱国主义教育。瑞典早在 1944 年就制定了《民防法》，以后几经修订，并补充了与之配套的法律、法规，瑞士的国防教育通过与各地官方机构协作，社会、学校、军队、民防组织和多种宣传机构介入，形成了多层次、高效率的国防教育体系。以色列是“全民武装”体制，类似“民团”的准军事组织成员中，包括老人和妇女。

基本军事技能实训课程作为国防教育体系的重要组成部分和特殊的社会活动领域，具有其他学科和教育方式无法替代的综合素质培养和教育的功能。

(1) 军事技能训练和军事化管理，可以锻炼青少年的体能，增强体质，磨炼意志，更好地培养不怕苦和累的顽强作风。

(2) 通过“三大条令”教育，使青少年在耳濡目染和切身体验中，培养“忠诚于党、热爱人民、报效国家、献身使命、崇尚荣誉”的当代革命军人核心价值观。

(3) 在教官率先垂范、言传身教的影响下，使青少年在政治素质、身心素质等方面都得到不同程度的提高，有利于青少年树立正确的世界观、人生观、价值观。

(4) 通过国防教育课程的学习，增强了青少年的国防观念，培养了国防精神，有利于做好征集青少年入伍工作。



青少年是民族的希望，国家的未来，更是国防领域的生力军，在科技高速发展的时代，有着坚强意识，强壮体魄的青少年群体，是强国、强军的需要和希望。

本教程在原中国人民解放军国际关系学院周长安大校的精心帮助和指导下，结合多年教学经验组织编写而成。重点讲述了队列训练、单兵战术动作和轻武器射击要领，简单扼要地阐述了军事理论和军事思想，适合广大青少年在校学生作为军训教材阅读。

# 目　录

# 第一章 国家防务

国家防务也即我们通常所说的国防，“国无防不立，民无兵不安”。人类文明发展史也是国家防务发展史，没有巩固的国防，就没有稳定繁荣的和谐社会。胡锦涛同志指出：“建立巩固的国防，是我国现代化建设的战略任务，是维护国家安全统一和全面建设小康社会的重要保障。”

## 第一节 国防的概念与特征

### 一、国防的概念

《中华人民共和国国防法》（以下简称《国防法》）第二条规定，国防是指“国家为防备和抵抗侵略，制止武装颠覆，保卫国家的主权、统一、领土完整和安全所进行的军事活动，以及与军事有关的政治、经济、外交、科技、教育等方面的活动”。它包括4个要素：一是国防的主体是国家；二是国防的对象是入侵外敌与武装颠覆；三是国防的目的是保卫国家的主权、统一、领土完整和安全；四是国防的手段是军事活动，以及与军事有关的政治、经济、外交、科技、教育等方面的活动。

国防是随着国家的产生而产生的，是为国家利益服务的。国防虽因国家的性质、制度、国力及其推行的政策不同具有不同的特征，但一切国防的共同实质，都是以捍卫和扩大国家利益为核心来组织的。没有巩固的国防就不能保证国家的繁荣和稳定。国家的社会制度决定着国防的基本性质和类型，大体上可以分为扩张型和防御型两大类型。

1. 扩张型

“扩张型”国防奉行霸权主义侵略扩张政策，打着保护国家或联盟利益的幌子，将其他国家和地区纳入自己的势力范围，在世界范围内对不利于本国或联盟的国家及政治、军事团体进行防范和围堵。对妨碍本国或联盟扩张政策的国家及政治、军事团体进行侵略、颠覆和渗透，把“国防”作为侵犯别国主权和领土完整、干涉他国内政的代名词。

扩张型国防包含自主扩张型和联盟扩张型。自主扩张型即为单个国家对他国或地区实行扩张政策，这类国家往往也借助其他国家或联盟实现其国防政策。联盟型即以结盟形式与一国或多国组成共同国防。从联盟国之间的关系来看，又可分为一元体系联盟和多元体系联盟，前者有一个大国处于盟主地位，其余国家则从属于这一大国；后者基本处于伙伴关系，共同协商防卫政策。

2. 防御型

防御型国防在国防建设上以防止外敌入侵为主要目的，主要依靠本国或联盟的力量，以国际法和国际惯例解决国家间的分歧和纠纷，广泛争取国际上的理解和支持，以达到维护本国的安全，求得周边地区和世界的和平与稳定。

防御型国防包含自主防御型、联盟防御型及中立防御型。中立防御型主要为一些中小且富裕的国家，他们为了保障本国的繁荣和安全，严守和平中立的国防政策，实施总体防御战略和寓兵于民的防御体系。

## 二、现代国防的基本特征

现代国防是对传统国防的继承和发展，是一种全新的国防观念和国防实践活动。现代国防已不再是单纯的武力较量，而成为在综合国力的基础上，以军事手段配合政治、经济、科技、外交等手段进行的总体较量。其基本特征主要表现在以下几个方面：

### （一）国家利益及其安全防务的整体性

伴随着经济的发展，特别是科技的进步，国家安全利益的内涵不断扩展。现代国防的职能正在由维护地缘明确的"硬疆界"，扩展到争取有利于己的"软环境"；由保卫本土不受侵犯，扩展为在全球或地区范围争取政治、经济和安全秩序的影响力与主导权；由打赢战争扩展到在战争和非战争状态下都能保证国家利益的实现。此外，现代国防强调，国家安全必须依靠整体性防务。一个国家只有经济不断强大、科技不断发展、国防实力不断增强、国防安全意识不断巩固，以及与周边国家睦邻友好，才能真正实现长治久安。

### （二）国防力量的综合性

现代国防是综合国力的体现，现代国防力量是以综合国力为基础的综合国防力量。有了雄厚的综合国力才有可能建设强大的国防力量。国家的整体实力，是指国家的政治、经济、科技、军事、文化、外交和自然等综合力量的集合。同样，强大的国防实力，也是综合力量的体现。尽管军事力量依然是国防力量的主体，但现代国防力量的构成不再局限于单一的军事力量，而更加突出综合力量建设。

### （三）国防手段的多元性

由于对国家利益的威胁来自诸多方面，除了兵戎相见的"硬对抗"外，还有各种

"软伤害"式的威胁，如意识形态、文明冲突和信息攻击等。因此，单纯的军事行为，已不能满足安全防卫的需要。现代国防斗争，不仅可以使用军事手段在战场上进行武力对抗，而且也通过政治对话、外交谈判、经济封锁、心理施压和军备控制等非战争手段在更广阔的空间进行激烈的较量。既依靠国家的国防实力，也依靠国家的国防潜力。在某一时期、某一方面，可以根据情况的不同，突出选择使用某一种手段，并以其他手段相配合，但决不能固守一种方式。

**（四）国防建设的系统协调性**

现代国防建设是一个以科技为龙头，以经济为骨干，通过总体性的战略运筹，谋求综合国防效益的有机系统。现代国防斗争更重视质量优势，而不仅是数量优势，更重视整个系统的威力而不只是某些单元的作用。因此，世界各国普遍着眼于从宏观规划上合理调整军队、准军事组织和后备役部队的比重，军队内部各军种、兵种的比重，以及如何在发展武器装备、改进编制体制、强化军事训练、完善战场建设等方面更有利于协调行动，发挥系统的整体效能。与此同时，整个国家要做到平战结合，寓军于民，在确保国家经济实力不断增长的基础上，加强军事力量，做到综合国力协调发展。

**（五）国防事业的社会性**

随着国防内涵的扩展，增强防卫能力必然涉及各个领域和各条战线，因而与整个社会构成了密不可分的联系。将国家和社会的力量综合起来建设国防，越来越受到各国重视。国防不只是军队单方面的责任，而是关系各个领域、各条战线和每个公民的事情，与整个社会密不可分。中国有句古训："天下兴亡，匹夫有责"。我们更应牢记：保卫祖国、抵抗侵略是每个公民的神圣职责。

## 第二节 中国国防



中国奉行防御性国防。在对外关系方面一贯奉行"和平共处"五项原则，公开向世界承诺，永远不称霸，不做超级大国，不首先使用核武器或以核武器相威胁，不对无核国家和地区使用核武器，不侵略别国。在战略上采取积极防御态势。正如毛泽东同志所言：人不犯我，我不犯人，人若犯我，我必犯人。

### 一、中国国防历史和启示

中国国防具有悠久的历史。早在公元前 21 世纪，我国就进入奴隶社会，建立了奴隶制国家。从此，作为抵御外来入侵和讨伐他国的工具——军队便产生了。随着人类社会的进步和发展，我国先后经历了奴隶社会、封建社会、半殖民地半封建社会和社会主义社会。我国的国防也经历了荣耀和屈辱、昌盛和衰败的历史，从而给我们留下了丰富的国防遗产,积累了宝贵的历史经验和教训。特别是新中国成立后,谱写了中国国防的新篇章。

**(一) 中国国防历史**

1. 中国古代的国防

中国古代国防从公元前21世纪夏王朝的建立到1840年鸦片战争爆发,近4 000年漫长的国防历史发展过程中,中华民族经历了无数次血与火的洗礼,培育了民族的凝聚力和自强不息、卫国御侮的尚武精神,最终形成了多民族、大疆域的国家。

(1) 古代的国防政策和国防理论。我国古代为提高国防能力,提出了许多卓有成效的国防政策和国防理论:一是"以民为体""居安思危"的国防指导思想;二是"富国强兵""寓兵于农"的国防建设思想;三是"爱国教战""崇尚武德"的国防教育思想;四是"不战而胜""安国全军"的国防斗争策略等。遵循这些思想、策略,我国取得了无数次对外战争的胜利,为中华民族代代繁衍、生生不息提供了安定的社会环境。出现过"中国既安,四夷自服"的鼎盛时期。

(2) 古代的兵制建设。兵制建设是中国古代国防建设的一个重要方面。所谓兵制,就是军事制度,现在一般称为军制。它包括武装力量体制、军事领导体制和兵役制度等方面的内容,是国防力量的主要组成部分。在武装力量体制上,我国古代一般区分为中央军、地方军和边防军。在军事领导体制上,各朝代的做法虽然不尽一致,但皇权至上,军队的调拨使用大权始终掌握在皇帝手中。在兵役制度上,随着各个历史时期的政治、经济、人口状况和军事需要而发展变化。

(3) 古代的国防工程建设。我国古代为抵御外敌的侵犯,巩固边海防,修筑了数量众多、规模庞大的国防工程。如城池、长城、京杭运河以及海防要塞等。

长城

(4) 古代国防的兴衰。我国古代国防的兴衰是与各朝代的政治、经济、军事状况密切相关的。纵观我国几千年的国防史,我们不难发现:当统治阶级政治修明,经济发展,军事强大,民族团结,国家统一的时候国防就强盛;当统治阶级政治腐败,经济衰落,军事孱弱,民族分裂,社会混乱的时候国防就削弱、就崩溃,直至朝代更迭。

2. 中国近代的国防

清朝晚期政治腐败,社会矛盾、民族矛盾日渐激化,西方殖民势力以查禁鸦片损害了他们利益为由大举入侵,1840年鸦片战争爆发,从此清王朝一蹶不振,每况愈下,有国无防,内乱外患不息,逐步沦为半殖民地半封建社会。从鸦片战争到"五四"运动,是中国的近代历史时期,也是中国国防最耻辱的时期。

由于清王朝政治腐败，国力衰退，国防每况愈下，屡遭西方列强的侵略、欺辱，在对外反侵略战争中一次次失败，签订了一个个不平等条约。19 世纪中叶以后，中国的领土香港、台湾、澎湖为英、日所占；东北乌苏里江以东、黑龙江以北及西北现今国界以外的广大地域被沙俄侵占；帕米尔地区被俄、英瓜分；拉克达则被英属克什米尔所吞并。

从 1840 年鸦片战争到 1911 年辛亥革命这 70 多年间，清政府与外国列强签订了几百个不平等条约，割让领土数百万平方千米，共支付的战争“赔款”为 16 亿多两白银。当时中国 18 000 多千米的海岸线上，竟找不到一个中国完全享有主权的港口。中华民族美丽的国土被蹂躏得支离破碎。这一时期的中国国防史，是一部国防虚弱、落后挨打的屈辱史，同时也是一部中国人民反帝爱国的斗争史。义和团反帝爱国运动；三元里人民抗击英军的壮举；甲午战争中山东及辽东半岛人民抗击日本侵略者的斗争等等，都给侵略者以沉重打击。这些都反映了中华民族不畏强暴，抗御外侮的伟大爱国主义精神。因此，中国人民抗击侵略者的斗争也是中国近代国防的重要组成部分。

数字技术还原的圆明园景观

被英法联军烧毁后的圆明园



3. 民国时期的国防

1911 年孙中山先生领导的辛亥革命，虽然推翻了清朝的统治，彻底废除了封建专制制度，建立了“中华民国”，但并没有改变中国任人宰割的历史。帝国主义扶植各派军阀为自己的代理人，加紧对中国的控制与掠夺；各派军阀争权夺利，混战不已，中国依然是有国无防，人民有家难安。

1921 年 7 月 1 日，中国共产党的成立，把中国人民的救亡图存斗争推向新阶段，中国工人阶级开始以自觉的姿态登上了历史的舞台。在中国共产党的领导下成立了抗日民族统一战线。抗日战争胜利后，中国人民迫切需要一个和平安全的建设环境，但国民党当局为了维护官僚资产阶级的利益，妄图消灭中国共产党及其所领导的军队。经过 4 年解放战争，中国共产党领导人民，终于推翻了国民党的反动统治，建立了新中国，从此结束了 100 多年来中华民族有国无防的屈辱历史，开始了中国国防的新篇章。

4. 中华人民共和国成立后的国防

1949年10月1日伟大领袖毛泽东主席在北京天安门城楼向全世界庄严宣布："中华人民共和国成立了"，从此揭开了中国国防的新篇章。1950—1955年，我国相继实行军衔制、义务兵役制、精兵制三项重大举措，拉开了中国人民解放军正规化建设的序幕。1953年7月27日，朝鲜停战协定签署，中国取得了抗美援朝战争的最终胜利，巩固和增强了新中国的独立、安全和国防力量，显示和提高了新中国的国威、军威和世界声望。并取得了1962年的中印边界自卫反击战；1969年的珍宝岛保卫战；1974年的西沙群岛反击战；1979年的中越边境自卫反击战等一系列反侵略战斗的伟大胜利，为新中国国防写下了辉煌的篇章。

1956年开始我国进入社会主义建设时期，军队正规化建设不断深入，武器装备进入国产制式化阶段，我们不但拥有强大的陆军，同时也建立了强大的海军和空军。经过60多年的艰苦努力，中国人民解放军实现了由单一陆军向诸军兵种合成军队的发展，不仅掌握着种类比较齐全的常规武器装备，而且拥有了具有一定威慑力的原子弹、氢弹等尖端武器装备。中国人民解放军继续向着更高阶段迈进。根据信息化战争的特点，中国人民解放军开始把军事斗争准备的立足点放在打赢信息化条件下的局部战争上，军队建设逐步实现由数量规模型向质量效能型，由人力密集型向科技密集型的转变；在发展武器装备方面，中国人民解放军根据信息化条件下局部战争的需要，努力发展高技术装备加强军队的质量建设，提高诸军兵种的合成化水平，向精兵、合成和高效的方向发展。



**知识窗**

**"两弹一星"工程**

"两弹"分别指核弹（原子弹和氢弹）和导弹；"一星"则是人造地球卫星。1964年10月16日我国第一颗原子弹爆炸成功；1967年6月17日我国第一颗氢弹空爆试验成功；1970年4月24日我国第一颗人造卫星发射成功。中国的"两弹一星"，是20世纪下半世纪中华民族创建的辉煌伟业，为中国奠定了有重要影响的大国的国际地位。

我国第一颗氢弹空爆试验成功

**（二）中国国防历史的启示**

中国数千年的国防历史，有过声威远播、国盛邻安的盛世荣光；有过引而不发、强敌驻足的宁静；有过遍体创伤、不堪回首的屈辱；也有过抗敌卫国、坚守气节的巨大胜利。在全面推进有中国特色社会主义事业，实现中华民族伟大复兴的征途中，重温这段漫长的国防历史可以得到有益的启示。

1. 经济发展是国防强大的基础

经济是国防的物质基础，国防强大依赖经济发展，这是我国国防历史给予我们的深刻启示。早在春秋战国时期，统治者认识到国富才能兵强，自强方可自立，始终把发展经济作为巩固国防，争夺霸权的重要措施。春秋时期，齐国的政治家管仲就提出“富国强兵”的思想，他认为“粟多则国富，国富者兵强，兵强者战胜，战胜者地广。”“甲兵之本，必先于田宅”。秦以后的汉、唐、明、清各代前期也都注意劝课农桑，发展生产，从而奠定了国防强大的基础，造就了国防史上的伟业。与此相反，以上各朝代的衰败，也都毫无例外地是由于经济的破产，动摇了国家的基础。由此可见，只有经济的强盛，才能有强大的国防，才能有政权的稳固，才能有国家的安全。

2. 政治开明是国防巩固的根本

我国几千年的国防史给我们的另一个启示是：政治与国防紧密相关，国家的政治是否开明，制度是否进步，直接关系到国防能否巩固，只有政治的开明，政通人和，才能有巩固的国防。

我国古代凡是兴盛的时期和朝代都十分注意修明政治，实行比较开明的治国之策。秦原为西北小国，自商鞅变法以来，修政治、明法度、发展生产，国力日渐强大，为并吞六国奠定了基础；唐建立之初，百废待兴，正是由于制定并实施了一系列行之有效的政治制度，使国家很快从隋末的战争废墟中恢复过来，形成了国力昌盛，空前统一的大唐帝国。与此相反，当一个朝代政治腐败，社会矛盾爆发，经济崩溃，必然导致军心涣散，国防虚弱必遭强敌入侵，朝代更迭。唐朝中后期、明末和晚清都是如此。总之政治的开明，是国防巩固的基础，是国家得以长治久安的根本保证。国家统一和民族团结是国防强大的关键，这是我国几千年的国防史给予我们的另一重要启示。

清王朝晚期，清政府在西方列强的进攻面前，不仅不敢发动反侵略战争，不依靠、不支持人民群众进行抗争，反而认为“患不在外而在内”“防民甚于防火”；对人民群众自发组织的反侵略斗争，实行镇压的方针，最终造成屡战屡败，割地赔款，逐步沦为半殖民地半封建社会。抗日战争时期，在中国共产党的倡导下，建立了抗日民族统一战线，在敌强我弱的条件下，中国共产党领导的八路军、新四军、东北抗日联军、华南抗日游击队，坚持人民战争的战略战术，充分动员和组织人民，团结一切抗日力量，共同抗击侵略，最终取得了抗日战争的全面胜利。这些历史的经验教训和启示，我们永远都要记取。

知识窗

百团大战

1940年8月20日夜，晋察冀军区、第129师、第120师在八路军总部统一指挥下，发动了以破袭正太铁路(石家庄至太原)为重点的战役。战役发起第3天，参战部队已达105个团，故称“百团大战”。百团大战是抗日战争相持阶段八路军在华北地区发动的一次规模最大、持续时间最长的战役。百团大战历时5个多月，粉碎了日军的“囚笼政策”，推迟了日军的南进步伐，增强了全国军民取得抗战胜利的信心，提高了中国共产党和八路军的声望。

彭德怀在前线指挥

# 第三节　国防教育

## 一、国防法规

国防法规是调整国防和武装力量建设领域各种社会关系的法律规范的总和。国防法规具有法律的一般特性，即鲜明的阶级性、高度的权威性、严格的强制性、普遍的适用性和相对的稳定性同时，国防法规还具有区别于其他法规的特殊性。

### (一) 调整对象的军事性

国防法规所调整的是国防和武装力量建设领域的各种社会关系，包括军队内部的社会关系、武装力量内部的社会关系、武装力量与外部的社会关系等。这些带有军事性的社会关系是国防法规特有的调整对象，是其他任何法律规范所不能代替的，这是国防法规特性——军事性的表现。

调整对象的军事性并不意味着国防法规只适用军队，不适用地方。国防是国家行为。国防和武装力量建设领域的社会关系是军事性的，但这些社会关系所涉及的行为主体并不都是军队和军人，政治、经济、外交、文化科技和教育等各个部门和社会各阶层人士都与国防有关。因此，一切社会团体和个人都必须按照国防法规的要求，履行自己的国防义务。

### (二) 司法适用的优先性

国防法规优先适用，是指在解决与国防利益、军事利益有关的法律问题时，如果国防法规和普通法都有相关的规定，要以国防法规的规定作为评判是非的标准和采取行动的准则。优先适用不是指的先后顺序，而是一种排他性的单项选择。在涉及国防利益、军事利益的案件中，只适用国防法规，不适用普通法。“特别法优先于普通法”是国际公认的法律适用原则。特别法是对特定人、特定领域、特定事项在特定时间内有效的法律。国防法规属于特别法。

### （三）处罚措施的严厉性

国防法规所保护的国防利益，是关系国家兴衰存亡的最根本的国家利益，因而对危害国防利益的犯罪实行比较严厉的处罚。同一类型的犯罪，危害国防利益的从重处罚。如《中华人民共和国刑法》（以下简称《刑法》）规定，抢劫罪通常处 3 年以上 10 年以下有期徒刑；而冒充军警人员抢劫的；抢劫军用物资的，处 10 年以上有期徒刑、无期徒刑或者死刑。战时从重处罚。所谓战时，是指国家宣布进入战争状态、部队受领作战任务或者遭敌袭击时；部队执行戒严任务或者处置突发性暴力事件也以战时论。《中华人民共和国兵役法》（以下简称《兵役法》）、《刑法》的许多条款都申明战时从重处罚。如《兵役法》规定，平时应征公民拒绝、逃避征集拒不改正的，在两年内不得被录取为国家公务员、国有企业职工，不得出国或者升学，还可同时处以罚款；而战时要依法追究刑事责任。

## 二、国防法规体系

国防法规体系，是指由各个层次和各个方面内容的国防法律规范组成的有机整体。不同的层次表征着国防法律规范之间的纵向关系，不同方面的内容表征着国防法律规范之间的横向关系。

在纵向关系上，依据宪法规定和立法权力及立法原则，我国现行的国防法规可划分为 4 个层次：第一层次是法律。由全国人民代表大会及其常务委员会制定的关于国防和武装力量建设的法律。第二层次是法规。由中央军委制定的军事法规，由国务院制定或国务院与中央军委联合制定的军事行政法规。第三层次是规章。由军委各总部、各军兵种、各军区制定的为军事规章，由国务院有关部委与军委有关总部联合制定的为军事行政规章。第四层次是地方性法规。主要是指由省、自治区、直辖市人民代表大会及其常务委员会制定的贯彻国家国防法规的实施办法、实施细则、补充规定等。

在横向关系上，依据国防活动的领域，可以将国防法律规范划分为 16 个门类：一是国防基本法类；二是国防组织法类；三是兵役法类；四是军事管理法类；五是军事刑法类；六是军事诉讼法类；七是国防经济法类；八是国防科技工业法类；九是国防动员法类；十是国防教育法类；十一是军人权益保护法类；十二是军事设施保护法类；十三是特别行政区驻军法类；十四是紧急状态法类；十五是战争法类；十六是对外军事关系法类。

作为青少年学生要在知法、懂法的基础上，自觉规范我们的行为，依法行使我们的责任，在这个课程中我们简单阐述基本法律法规，使大家有个简单了解，为日后学习、工作铺垫基础。

**(一)《中华人民共和国国防法》**

《中华人民共和国国防法》(以下简称《国防法》),是指国家立法机关或授权的国家机关制定的一切有关国防工作和国防建设方面的法律规范的总和。国防法是国防建设的依据,是国防建设诸方面关系的协调者,是保证国家军事利益不受侵害的法律保证。

《国防法》于 1997 年 3 月 14 日由第八届全国人民代表大会第五次会议审议通过。该法共 12 章 70 条,主要规定了国防活动的基本原则,国家机构的国防职权,武装力量的构成、任务和建设,国防动员和战争状态,公民、组织的国防义务和权利,对外军事关系等。《国防法》是根据《中华人民共和国宪法》(以下简称《宪法》)制定的一部综合性的调整和规范我国国防与武装力量建设的基本部门法。

《国防法》具有以下基本特征:

(1) 明确了中国共产党对武装力量的领导。即我国国防的领导权集中在党中央,国防建设和国防斗争的大政方针都由党中央制定,武装力量的最高领导权属于党中央。

(2) 完善了我国的国防领导体制。《国防法》以《宪法》为依据,把国家机构的国防职权进一步细化,同时把一些领导机关之间的内部运作机制"外化"为法律规范。

(3) 确立了我国国防的职能任务。

(4) 贯彻了新时期军事战略方针。

(5) 正确处理了国防建设与经济建设的关系。

(6) 对国防建设作了前瞻性的规定。

**(二)《中华人民共和国兵役法》**



《中华人民共和国兵役法》(以下简称《兵役法》),是指国家制定的用来调整公民和组织履行兵役义务活动所产生的社会关系的法律规范的总称,是国防法律体系中的基本法和部门法,是公民必须遵守的行为规范,也是开展兵役工作的法律依据。《兵役法》在国防法律体系中占有重要地位。

2011 年 10 月 29 日,第十一届全国人大常委会第二十三次会议审议通过《关于修改〈中华人民共和国兵役法〉的决定》。现行《兵役法》共 12 章 74 条,主要规定了我国的兵役制度,公民的兵役义务和权利,兵员的平时征集和战时动员,预备役人员的军事训练,高等院校和高级中学学生的军事训练,违反兵役法的惩处等。《兵役法》规定:中华人民共和国实行义务兵与志愿兵相结合,民兵与预备役相结合的兵役制度。

**(三)《中华人民共和国国防教育法》**

国防教育法,是国家立法机关按照统治阶级的意志所制定的,调整在国防领域内实施国防教育、培养国防人才的活动中所发生的各种社会关系的法律规范的总称。国防教育法在国家国防法体系中占有重要地位,是国防法体系中的基本法和部门法。

《中华人民共和国国防教育法》于 2001 年 4 月 28 日由第九届全国人大常委会第二十一次会议通过。该法共 6 章 38 条。《全国人民代表大会常务委员会关于设立全民国防教育日的决定》是对《中华人民共和国国防教育法》的补充,2001 年 8 月 31 日由第九届全国人大常委会第二十三次会议通过,确定每年 9 月第三个星期六为全民国防教育日。

**(四)《中华人民共和国人民防空法》**

《中华人民共和国人民防空法》(以下简称《人民防空法》)于 1996 年 10 月 29 日由第八届全国人大常委会第二十二次会议通过,是人民防空建设的重要法律依据。

《人民防空法》共 9 章 53 条。主要内容包括:人民防空的方针和原则;人民防空实行的优惠政策;人民防空工作的领导和管理体制;人民防空工程建设要求及维护管理;人民防空通信和警报建设与管理;疏散组织方法;群众防空组织;人民防空教育;破坏、危害人民防空工程、设施的各类违法犯罪行为的法律责任。

**(五)《中华人民共和国国防动员法》**

《中华人民共和国国防动员法》(以下简称《国防动员法》)于 2010 年 2 月 26 日由第十一届全国人大常委会第十三次会议通过,国家主席胡锦涛签署第二十五号主席令予以公布,2010 年 7 月 1 日起施行。

《国防动员法》是全面规范和指导我国国防动员活动的重要法律。对国防动员的方针原则、组织机构、基本内容、基本制度等作了全面规范。《国防动员法》在结构上分为 14 章 72 条,主要内容有:总则;组织领导机构及其职权;国防动员计划、实施预案与潜力统计调查;与国防密切相关的建设项目和重要产品;预备役人员的储备与征召;战略物资储备与调用;军品科研、生产与维修保障;战争灾害的预防与救助;国防勤务;民用资源征用与补偿;宣传教育;特别措施;法律责任及附则等。



## 三、公民的国防义务和权利

### (一) 公民国防义务

公民的国防义务,是指由宪法和法律规定的公民在国防活动中必须履行的责任,由国家强制力保证其落实。公民的国防权利,是指宪法、法律赋予公民在国防活动中享有的权利或利益,国家从法律和物质上保障公民享有这种权利的可能性。根据《国防法》的规定,公民负有 5 个方面的国防义务:

(1) 兵役义务。兵役是指参加武装组织或在武装组织之外,承担军事任务的形式。兵役义务是公民最重要的一项国防义务。《国防法》第五十条、《兵役法》第三条，对此都有明确的规定。

（2）接受国防教育的义务。根据《国防法》第五十一条，我国公民有义务接受国防理论、军事知识、军事法制、国防历史、国防精神、国防体育等内容的教育，对不履行受教育的义务主体，要进行批评教育；批评教育不改的，要强制其接受教育，或给予行政处分。

（3）保护国防设施的义务。国防设施是国家直接用于国防目的的建筑、场地和设备。在战时，它是打击敌人、抵抗侵略的重要依托，在平时，它具有制约敌对力量的威慑作用。因此，保护国防设施，确保国防设施效能的实现，是巩固国防、维护国家安全利益的具体体现，也是我国国防法的要求所在。

（4）保守国防秘密的义务。《国防法》第五十二条规定："公民和组织应当遵守保密规定，不得泄露国防方面的国家秘密，不得非法持有国防方面的秘密文件、资料和其他秘密物品。"对于泄露国防秘密，危害国防安全与利益者，应当承担相应的法律后果。

（5）协助国防活动的义务。《国防法》第五十三条规定："公民和组织应当支持国防建设，为武装力量的军事训练、战备勤务、防卫作战等活动提供便利条件或其他协助。"

**（二）公民国防权利**

根据《国防法》的规定，公民享有3个方面的国防权利：

（1）对国防建设提出建议的权利。《国防法》第五十四条规定："公民和组织有对国防建设提出建议的权利。"

（2）制止、检举危害国防行为的权利。《国防法》第五十四条规定：公民和组织有对危害国防的行为进行制止或者检举的权利。

（3）国防活动中经济损失补偿的权利。《国防法》第五十五条规定："公民和组织因国防建设和军事活动在经济上受到直接损失的，可以依照国家有关规定取得补偿。"

# 第二章　军事实训准备

## 第一节　军训的依据与目的

### 一、军训的依据

新中国成立后，我们党和国家领导人都高度重视学生军训工作，毛泽东主席亲自批准在高等学校学生中开展军事训练；邓小平同志也多次强调，国防教育要从学生抓起。

1955年7月我国颁布第一部《中华人民共和国兵役法》，第一次从法律上做出了在大学生、高级中学学生（含职业学校学生，下同）中进行军事训练的规定。

1981年下发第11号文件，指示高等院校要把学生军训纳入教学计划，部分学校恢复了学生军训。1984年，第六届人大第二次会议通过并颁布了新的兵役法，把高等院校和高级中学学生军事训练单列一章，充分体现了国家对学生军训的重视。

1998年12月29日第九届全国人民代表大会常务委员会第六次会议对《中华人民共和国兵役法》又进行了修改。《兵役法》第四十三条明确规定："高等院校的学生在就学期间，必须接受基本军事训练。"

2001年4月28日第九届人大常委会第二十一次会议通过的《中华人民共和国国防教育法》第十五条规定："高等学校、高级中学和相当于高级中学的学校应当将课堂教学与军事训练相结合，对学生进行国防教育。高等学校应当设置适当的国防教育课程。"

依据现行《中华人民共和国兵役法》第八章第四十三条，"高等院校的学生在就学期间，必须接受基本军事训练。"

依法履行兵役义务、自觉接受军事训练，是法律赋予学生的神圣义务。学生是中华民族优秀青年的代表，是巩固我国国防、抵御外敌入侵、捍卫祖国独立、维护国家主权和领土完整的重要后备力量。因此，依法履行兵役义务，在校期间接受军事训练，学习、掌握基本的军事理论知识和军事技能，是青年学生义不容辞的责任。

为了在本世纪实现祖国富强、人民富裕、民族复兴的宏伟目标，我们在坚持以经济建设为中心的同时，需要大力加强国防建设，为经济建设提供坚强有力的安全保证。青少年是社会主义事业的继承者，更是新世纪社会主义现代化事业的建设者和保卫者，开展军训活动，既是全面贯彻党的教育方针，推进素质教育，培养“四有”新人的客观要求，也是开展全民国防教育，强化国防意识，为国防建设培养高素质后备人才的战略举措。

## 二、军训的目的

对学生实施军事训练，是全面贯彻党的教育方针，改革教育内容，加强学生思想政治教育，全面提高学生素质，培养有理想、有道德、有文化、有纪律的建设人才的重要措施。通过军训，提高学生的思想政治觉悟，激发爱国热情，增强国防观念和国家安全意识；进行爱国主义、集体主义和革命英雄主义教育，增强学生组织纪律观念，培养艰苦奋斗的作风，提高学生的综合素质；使学生掌握基本军事知识和技能，为中国人民解放军训练后备兵员和预备役军官，为国家培养社会主义事业建设者和接班人打好基础。

学生军训是全民国防教育的重要组成部分，也是学校开展国防教育、培养高素质人才的重要形式。通过军训，能促进学生德、智、体全面发展，树立科学的人生观、世界观、价值观，有利于培养社会主义建设事业的“四有”新人；有利于加强国防后备力量建设，对做好未来反侵略战争准备具有战略意义；有利于激发学生爱国卫国意识，对加速综合国力的建设具有深远的意义；有利于增强“国无防不立，无兵不安”的观念，提高全民族的国防意识。



学生进入军训场地，就是一名准军人，军训期间的一切活动，都是在集体中进行的，各项评比也都是以集体为单位进行的。所以，在军训过程中，学生的个体行动都是为了集体荣誉、集体的利益而进行，学生需要尽快地融入到集体中，为了集体而不甘落后，为了集体而不懈地努力，为了集体而不断坚持。这种对集体的热爱也是爱国主义情感的体现。

# 第二节　军事常识

## 一、我国军事组织体制编制

新中国成立以后，在继承革命战争年代武装力量传统的基础上，逐步建立了中国人民解放军、中国人民武装警察部队和民兵相结合的武装力量体制。根据《中华人民共和国宪法》和《中华人民共和国国防法》，我国的国防领导职权由中共中央、全国人民代表大会及其常务委员会、国家主席、国务院、中央军事委员会行使。军事领导指挥机构不断完善，特别是党和国家分别设立中央军事委员会，既坚持了党对武装力量的绝对领导，也体现了军事系统在国家体制中的地位。

### （一）中共中央的国防领导职权

中国共产党作为执政党，是领导中国社会主义事业的核心力量。中共中央在国防事务中发挥决定性的领导作用。有关国防、战争和军队建设的重大问题，都是由中共中央、中央军委、中央政治局及其常务委员会做出决策并通过必要的法定程序，作为党和国家的统一决策贯彻执行。

**知识窗**

**三湾改编：新型人民军队的伟大开端**

1927年的秋天，毛泽东同志率领秋收起义部队到达江西永新县的三湾村，休整了三天，对部队进行了改编，将工农革命军第一军第一师的三个团改编为第一团；在部队中建立了党的各级组织，班有小组，连有支部，营、团有党委，连以上各级均设党代表，并且成立了党的前敌委员会，毛泽东同志任书记。三湾改编确立了中国共产党对军队的绝对领导，从组织上奠定了新型革命军队的基础。

### （二）全国人民代表大会及其常务委员会的国防领导职权

中华人民共和国全国人民代表大会是最高国家权力机关。国防方面的职权主要有：全国人民代表大会选举国家中央军委主席，根据中央军委主席的提名，决定中央军委其他组成人员的人选，决定战争与和平的问题，并行使宪法规定的国防方面的其他职权。

全国人大常委会在全国人民代表大会闭会期间决定战争状态的宣布，决定全国总动员或者局部动员，并行使宪法规定的国防方面的其他职权。

### （三）国家主席的国防领导职权

中华人民共和国主席是中华人民共和国的象征和代表者。国家主席的国防领导职权主要有；根据全国人民代表大会的决定和全国人民代表大会常务委员会的决定，宣布战争状态；根据全国人民代表大会的决定和全国人民代表大会常务委员会的决定，发布动员令；公布全国人民代表大会及其常务委员会制定的有关国防方面的法律；根据全国人民代表大会常务委员会的决定，授予在国防方面国家的勋章和荣誉称号；根据全国人民代表大会常务委员会的决定，批准和废除同外国缔结的有关国防方面的条约和重要协定。

### （四）国务院的国防领导职权

中华人民共和国国务院是最高国家权力机关的执行机关，是最高国家行政机关。它的国防领导职权包括：编制国防建设发展规划和计划；制定国防建设方面的方针、政策和行政法规;领导和管理国防科研生产;管理国防经费和国防资产;领导和管理国民经济动员、人民武装动员、人民防空动员和交通战备动员等方面的工作;领导和管理拥军优属工作和退出现役军人的安置工作;领导国防教育工作;与中央军事委员会共同领导中国人民武装警察部队、民兵工作,以及征兵、预备役、边防、海防和空防工作;法律规定的与国防建设事业有关的其他职权。

### (五) 中央军事委员会的国防领导职权

中华人民共和国中央军事委员会是最高国家军事机关,与中共中央军事委员会是同一机构,负责领导全国武装力量。职权主要包括:统一指挥全国武装力量;决定军事战略和武装力量的作战方针;领导和管理中国人民解放军的建设,制定规划、计划并组织实施;向全国人民代表大会或者全国人民代表大会常务委员会提出议案,制定军事法规,发布决定和命令;决定中国人民解放军的体制和编制,规定总部以及军区、军兵种和其他军级单位的任务和职责;任免、培训、考核和奖惩武装力量成员;批准武装力量的武器装备体制和武器装备发展规划、计划,协同国务院领导和管理国防科研生产;会同国务院管理国防经费和国防资产;行使法律规定的其他职权。

## 二、中华人民共和国国防建设

### (一) 中国武装力量

《中华人民共和国国防法》规定:“中华人民共和国的武装力量,由中国人民解放军、中国人民武装警察部队和民兵组成。”中国武装力量,是以全国人民为基础,在中国共产党领导下,经过长期的战争和社会主义建设实践,逐步形成并发展起来的。新中国成立后,随着大规模武装斗争的停止,国家进入了和平建设的新时期。为了适应新时期的国防任务,根据国际国内形势的发展变化,在继承和发扬革命战争年代优良传统的基础上,经过60多年的实践和探索,逐步形成由中国人民解放军、中国人民武装警察部队和民兵构成的三结合武装力量体制。



1. 中国人民解放军

中国人民解放军是中国共产党缔造和领导的,用马克思列宁主义、毛泽东思想、邓小平理论武装起来的人民军队,是我国人民民主专政的坚强捍卫者。他于1927年8月1日在南昌打响了武装斗争的第一枪,从此中国共产党有了自己的武装力量,领导全国人民走上了反帝、反封建的征程,历经红军、八路军-新四军和解放军等发展阶段。他从小到大,由弱到强,在解放中国人民的长期武装斗争中,先后打败了国内外一切反动军队、反动势力和日本侵略者,为新中国的诞生立下了不朽功勋。新中国成立后,在抗美援朝和历次边境自卫反击战争中捍卫了国家主权和尊严,成为保卫祖国和社会主义建设事业的坚强柱石。

**知识窗**

### 中国人民解放军正规化建设过程

1950 年 4 月，总参谋部电告各战略区领导人，根据中共中央政治局会议决议，全军实行精简整编，将全军总人数由 550 万缩减至 400 万。

1951 年 2 月 1 日，总参谋部向全军颁布《内务条令(草案)》、《队列条令(草案)》和《纪律条令(草案)》。

1955 年 9 月，人民解放军开始实行军衔制度。9 月 27 日，授予元帅和将官军衔及勋章典礼在北京隆重举行。

1982 年 9 月 16 日，中央军委决定，在北京军区、沈阳军区进行组建集团军试点。

1985 年 5 月 23 日至 6 月 6 日，中央军委召开扩大会议，决定裁减员额 100 万。

1985 年 6 月 14 日，中央军委颁布《合并大军区》命令，将 11 个大军区调整合并为 7 个大军区。

1988 年 10 月 1 日，人民解放军实行新的军衔制度。

1990 年 6 月，江泽民主席签发新修订的"共同条令"颁布全军施行。

1993 年 1 月，中央军委确立新时期军事战略方针。

2009 年 7 月，中央军委颁发《深化士官制度改革方案》。

2015 年 12 月 31 日，陆军领导机构、火箭军、战略支援部队成立。

2016 年 2 月 1 日，国土防御由原 7 个大军区改编为中部、东部、南部、西部、北部 5 个战区。初步形成"军委管总、战区主战、军种主建"新格局。

2018 年 1 月 1 日零时起，人民武装警察部队由党中央、中央军委集中统一领导，归中央军委建制，不再列国务院序列。

2018 年 5 月 1 日起施行新修订的《中国人民解放军内务条令(试行)》《中国人民解放军纪律条令(试行)》《中国人民解放军队列条令(试行)》(统称共同条令或三大条令)。

2020 年 7 月 1 日零时起，中国人民解放军预备役部队由党中央、中央军委集中统一领导。

中国人民解放军由现役部队和预备役部队组成。现役部队，是国家的常备部队。由陆军、海军、空军和火箭军、战略支援部队组成。预备役部队，是具有一定战斗力的准正规部队。它以现役军人为骨干，以预备役军官、士兵为基础，按统一编制编成，能在战时迅速转为现役的部队。它是中国人民解放军的重要组成部分，是战时首批动员的后备力量。预备役部队组建于 1983 年，现有陆军、海军、空军和火箭军、战略支援部队预备役部队，列入中国人民解放军建制序列，实行统一编制，授有番号、军旗，执行中国人民解放军的条令、条例。自 2020 年 7 月 1 日零时起，预备役部队全面纳入军队领导指挥体系，由原来军队、地方双重领导调整为党中央、中央军委集中统一领导。

**知识窗**

中国人民解放军军旗为红色，左上角缀金黄色五角星和"八一"两字，表示中国人民解放军自 1927 年 8 月 1 日南昌起义以来，经过艰苦卓绝的浴血奋战，在中国共产党的领导下取得了中国革命的伟大胜利。

中国人民解放军军徽为镶有金黄色边的五角星，并中嵌金黄色“八一”两字，亦称“八一”军徽，表示自中国人民解放军诞生之日，一直以灿烂的星光照耀中国。

中国人民解放军军徽

中国人民解放军军旗

(1) 中国人民解放军陆军

陆军是以步兵、装甲兵、炮兵为主体，主要在陆地上遂行作战任务的军种，是解放军的基础，是陆地战场上决定胜负的主要力量。它具有强大的火力、突击力和快速的机动能力。既能独立作战，又能与海军、空军联合(协同)作战。我国陆军自1927年8月1日诞生以来，在近一个世纪的发展进程中，由最初的单一步兵，发展至今由多兵种合成的军种。

**知识窗**

**99式坦克**

是中国人民解放军最新的主战坦克，其具备优异的防弹外形，其炮塔和车体均采用复合装甲，抗弹能力成倍提高，是中国陆军装甲师和机步师的主要突击力量，被称为中国的陆战王牌的第三代主战坦克。作为中国第三代坦克，其强大的火力性能和综合性能为其赢得了称赞，综合性能进入世界一流坦克行列。99式主战坦克出现在2009年国庆60周年阅兵式上，是装甲方阵第一方队，体现了在我军中的重要地位。

中国99式主战坦克



我军现行的陆军由步兵、炮兵、装甲兵、防空兵、陆军航空兵、工程兵、通信兵、防化兵、电子对抗兵、侦察兵等兵种和各专业勤务分队组成。编为执行机动作战任务的野战军和执行地方守备任务的地方军，其中野战军按集团军、师(旅)、团、营、连、排、班序列编成，隶属于中央军委或战区；地方军由边(海)防部队、内卫部队和守备部队组成，按独立师、团、营、连、排、班序列编成，隶属于战区或省军区，担负所在地区的警备、守卫、治安，训练民兵，以及配合野战军作战或独立作战等任务。

(2) 中国人民解放军空军

我国空军成立于1949年11月11日。空军是以航空兵为主体，主要遂行空中作战任务的军种，是我军的战术、战略军种。它具有高速机动、远程作战和猛烈突击的能力。空军既能与陆军、海军和第二炮兵联合(协同)作战，又能独立实施作战。空军在国土防空、抗美援朝、抗美援越等作战中，取得了辉煌战绩，为保卫祖国和社会主义建设作出了重大贡献。

中国歼-10战机

中国武直-10(国防部网，杨盼摄)

空军的编制序列为军委空军、战区空军、空军基地、航空兵师、防空兵师(旅)、飞行学院、雷达旅(团)等。军委空军是其最高领导机构，下辖战区空军和空降部队。战区空军是空军的战役军团，以下按空军军(空军基地)、师(旅)、团、大队、中队序列编成。我国空军由航空兵、地空导弹兵、高射炮兵、空降兵、雷达兵等兵种和专业勤务部队组成。

(3) 中国人民解放军海军

海军是以舰艇部队为主体，主要在海洋遂行作战任务的战术、战略军种。它具有在水面、水下和空中作战的能力。海军既能联合(协同)其他军兵种作战，又能单独实施海上作战。我国海军自1949年4月23日诞生之日起，便担负起了保卫我国海防的任务，有效地维护了祖国领海主权和海洋权益，为保卫祖国万里海疆做出了重大贡献。目前，我国海军已成为一支装备齐全、技术密集、多兵种合成、初具现代化作战能力的近海防御力量。

中国海军反舰导弹

新型导弹驱逐舰(中华神盾)

海军的编制序列为军委海军、海军舰队、海军基地、舰艇支队、舰队航空兵和水警区等。军委海军是海军的最高领导机构，下辖北海、东海、南海 3 个舰队和海军航空兵部队。舰队是海军担负某一海洋战区作战任务的战役军团，受军委海军和所在战区的双重领导，下辖海军基地、作战部队及各专业勤务部队。我国海军由潜艇部队、水面舰艇部队、海军航空兵、海军岸防兵和海军陆战队等兵种及专业部(分)队组成。

(4) 中国人民解放军火箭军

中国人民解放军火箭军

火箭军是由原中国人民解放军第二炮兵发展而来，于 2015 年 12 月 31 日正式成立，是由中央军委直接指挥的中国战略威慑的核心力量，是中国大国地位的战略支撑，是维护国家安全的重要基石。他与海军潜地战略导弹部队、空军战略轰炸机部队构成我国“三位一体”的战略核力量。火箭军按照核常兼备、全域慑战的战略要求建设，增强可信可靠的核威慑和核反击能力，加强中远程精确打击力量建设，增强战略制衡能力，打破敌对势力的核讹诈，遏制常规战争升级为核战争。

(5) 中国人民解放军战略支援部队

中国人民解放军战略支援部队成立于 2015 年 12 月 31 日。战略支援部队是维护国家安全的新型作战力量，是我军新质作战能力的重要增长点，主要是将战略性、基础性、支撑性都很强的各类保障力量进行功能整合后组建而成的。成立战略支援部队，有利于优化军事力量结构、提高综合保障能力。

2. 中国人民武装警察部队



中国人民武装警察部队成立于 1982 年 6 月 19 日，是中华人民共和国武装力量的重要组成部分，是保卫社会主义现代化建设的重要力量。《中华人民共和国国防法》规定，中国人民武装警察部队担负国家赋予的安全保卫任务，维护社会秩序。它是人民民主专政的重要工具之一。中国人民武装警察部队根据中国人民解放军的建军思想、宗旨和原则，按照中国人民解放军的条令、条例和有关规章制度，结合武警部队特点进行建设。

2018 年 1 月 1 日零时起，武警部队由党中央、中央军委集中统一领导，实行中央军委——武警部队——部队领导指挥体制。武警部队归中央军委建制，不再列国务院序列。2018 年 1 月 10 日上午，中央军委向武警部队授旗仪式在北京八一大楼举行。中共中央总书记、国家主席、中央军委主席习近平向武警部队授旗并致训词。

习近平强调，武警部队是党领导的人民武装力量的重要组成部分，在维护国家安全和社会稳定、保卫人民美好生活中肩负着重大职责，在维护政治安全特别是政权安全、制度安全中具有重要作用。要坚决听党指挥，全面贯彻新时代党的强军思想，坚持党的绝对领导，坚决听从党的号令，强化政治意识、大局意识、核心意识、看齐意识，永远做党和人民的忠诚卫士。要加快建设发展，全面贯彻总体国家安全观，按照多能一体、有效维稳的战略要求，加快融入全军联合作战体系，加快构建军地协调联动新格局，加大改革创新，提高质量效益，努力建设一支强大的现代化武装警察部队。要聚力练兵备战，全面贯彻新形势下军事战略方针，始终保持高度戒备，大抓实战化军事训练，扎实做好执勤处突、反恐维稳等各项工作，坚决完成党和人民赋予的新时代使命任务。要坚持依法从严，全面贯彻依法治军、从严治军要求，弘扬光荣传统和优良作风，狠抓正风肃纪、反腐惩恶，纯洁政治生态，凝聚强大正能量，努力在武警部队光荣历史上谱写新的时代篇章。

2018 年 3 月，根据中共中央印发的《深化党和国家机构改革方案》，将列武警部队序列、国务院部门领导管理的担负民事属性任务的黄金、森林、水电部队现役力量整体移交国家相关职能部门并改编为非现役专业队伍，同时撤收武警部队海关执勤兵力，彻底理顺武警部队领导管理和指挥使用关系。将国家海洋局领导管理的海警队伍整体划归中国人民武装警察部队领导指挥，调整组建中国人民武装警察部队海警总队，称中国海警局，2018 年 7 月 1 日起由中国海警局统一履行海上维权执法职责。

中国人民武装警察部队的武器装备轻便、精良，以步兵轻武器为主，兼有少量重型武器和特种武器。

3. 民兵

民兵是不脱离生产的群众武装组织，是中华人民共和国武装力量的组成部分，是中国人民解放军的后备力量。民兵初建于第一次国内革命战争时期。革命战争年代，民兵为民族的解放、打败日本侵略者和新中国的建立作出了巨大的贡献。正如毛泽东同志所说："民兵是胜利之本"。新中国成立后，民兵仍是国家武装力量的组成部分，在建设祖国、保卫祖国中发挥了重大作用。

国庆 60 周年女民兵方队

**(二) 新中国国防建设的主要成就**

中国共产党历来重视国防建设。新中国成立以来，在党中央、中央军委的正确领导下，国防建设取得了巨大成就，逐步建立起了具有中国特色的现代化国防体系。中国人民解放军的现代化、正规化和革命化建设取得突破性进展。经过 60 多年的艰苦努力，中国人民解放军实现了由单一陆军向诸军兵种合成军队的发展，不仅掌握着种类齐全的常规武器装备，而且拥有了具有一定威慑力的原子弹、氢弹等尖端武器装备。并根据信息化战争的特点，人民解放军开始把军事斗争准备的立足点放在打赢信息化条件下的局部战争上。军队建设逐步实现由数量规模型向质量效能型；由人力密集型向科技密集型的转变。

中国空中预警机 KJ-2000

国防科技是衡量一个国家综合国力的重要标志之一，也是国防现代化建设的重要方面。新中国成立以来，我国的国防科技工业从无到有，从小到大，从落后到先进，建立起了电子、船舶、兵器、航空、航天和核能等门类齐全，综合配套的国防科技工业体系。取得了一大批具有国内、国际先进水平的科研成果，为我军现代化建设和切实增强我国的综合国力作出了重要贡献。

中国空军歼-20 战机参加夜间对抗训练(杨军摄)

党和国家历来重视国防后备力量建设。特别是党的十一届三中全会以来，党中央、国务院、中央军委明确提出了“精干的常备军和强大的后备力量相结合，是建设现代化国防的必由之路”基本指导方针，使我国国防后备力量建设进入了一个新阶段。

**(三) 中国人民解放军“三大条令”**

现行的《中国人民解放军内务条令》(以下简称《内务条令》)、《中国人民解放军纪律条令》(以下简称《纪律条令》)和《中国人民解放军队列条令》(以下简称《队列条令》)，经 2010 年 5 月 4 日中央军委常务会议通过，自 2010 年 6 月 15 日起施行。

这三部条令所规范的内容都是军人最基本的行为准则，即从一个普通老百姓转变成合格军人必须遵照执行的行为依据。作为一名革命军人，允许做什么，不允许做什么；应当做什么，不应当做什么，三大条令都有具体、明确、严格的规定。无论是陆军、海军、空军、火箭军还是人民武装警察部队，无论是我军高级将领还是普通士兵，无论是现役军人还是参加军事训练的预备役人员，都要坚决贯彻执行。所以，这三部条令又称为共同条令。

1.《内务条令》

《内务条令》是全军建立和维持良好的内外关系和正规的内部秩序，履行职责，进行行政管理，培养优良作风的依据。现行《内务条令》共 21 章 420 条，11 个附录。内容大致分为 7 个部分。

(1) 我军内务建设的原则

条令总则部分重申了我军的性质、宗旨、任务、新世纪新阶段的历史使命,并以这些为依据,规定了我军内务建设的指导思想和基本任务及必须坚持的6条原则。

(2) 军人宣誓

条令专设“军人宣誓”一章,规定了军人宣誓的内容、基本要求及宣誓大会的程序。

军人誓词是:“我是中国人民解放军军人,我宣誓:服从中国共产党的领导,全心全意为人民服务,服从命令,严守纪律,英勇顽强,不怕牺牲,苦练杀敌本领,时刻准备战斗,绝不叛离军队,誓死保卫祖国。”

(3) 军人职责

条令把军人职责分为4类,即士兵职责、军官职责、首长职责和主管人员职责,并分别作了具体规定。

中国人民解放军士兵的基本职责是:服从命令,听从指挥,英勇顽强,坚决完成任务;刻苦训练,熟练掌握并爱护武器装备;努力学习政治,不断提高思想觉悟;严守纪律,服从管理,尊重领导,团结同志,爱护集体荣誉;艰苦奋斗,厉行节约,爱护公物;积极学习科学文化,提高文化素质;积极参加体育训练,锻炼身体,增强体质;遵守安全规定,保守军事秘密。

(4) 军队内部关系

条令对于军人相互关系、官兵关系、机关相互关系、部队(分队)相互关系分别作了具体规定。

“中国人民解放军军人,不论职位高低,在政治上一律平等,相互间是同志关系。”军官、士兵依行政职务和军衔,构成首长与部属:上级与下级或者同级的关系。“部属、下级必须服从首长、上级。”

(5) 军人的行为举止

条令对军人在日常生活中的言行举止(如礼节、着装、仪容、称呼)作了明确的规定。

军人敬礼分为举手礼、注目礼和举枪礼。着军服戴军帽或者不戴军帽,通常行举手礼。携带武器装备不便行举手礼时,可以行注目礼。举枪礼仅限于执行阅兵和仪仗任务时使用。

军人头发应当整洁。男军人不得留长发、大鬓角和胡须;女军人发辫不得过肩,女士兵不得烫发。军人不得文身。

军人必须举止端正,谈吐文明,精神振作,姿态良好。不得袖手、背手和将手插入衣袋,不得边走边吸烟、吃东西、扇扇子,不得搭肩挽臂。

(6) 日常管理制度

条令对军人日常管理制度中的一些具体要求(军营时间分配、连队及机关一日生活、会议、汇报、请假销假、查铺查哨、交接等日常生活秩序方面的制度,装备管理、伙食、农副业生产管理等有关管理和安全方面的制度,值班、警卫、日常备战等战略秩序方面的制度)作了明确规定。

(7) 国旗、军旗、军徽的使用

条例对国旗、军旗、军徽的使用和国歌、军歌的奏唱分别作了具体规定。

军人必须维护和捍卫国旗的尊严。军以下部队和省军区、军分区,应当在工作日升挂国旗。军队院校除寒、暑假和休息日外,应当每日升挂国旗。国旗升起过程中,可以奏唱国歌。

军旗是中国人民解放军的标志,是中国人民解放军荣誉、勇敢和光荣的象征。军人必须维护和捍卫军旗的尊严。军旗包括中国人民解放军军旗和陆军军旗、海军军旗、空军军旗。

中国人民解放军军徽是中国人民解放军的象征和标志。军人必须爱护军徽,维护军徽的尊严。禁止将军徽用于广告和有碍军徽庄严的装饰或者场合。

中国人民解放军军歌是中国人民解放军性质、宗旨和精神的体现。新兵入伍、学员入校,必须学唱军歌。

2.《纪律条令》

《纪律条令》是全军维护纪律、实施奖惩的依据。现行《纪律条令》共 7 章 197 条,8 个附录。内容大致分为 3 个部分。

(1) 总则



总则规定了我军纪律建设的基本精神,是整个条令的统帅部分,包括我军纪律的基本内容、我军纪律的性质和地位作用、维护和巩固我军纪律必须坚持的原则、各级首长维护纪律的职责和每个军人必须做到的 10 条要求:听从指挥,令行禁止;严守岗位,履行职责;尊干爱兵,团结友爱;军容严整,举止端正;提高警惕,保守秘密;爱护武器装备和公物;廉洁奉公,不谋私利;拥政爱民,保护群众利益;遵守社会公德,讲究文明礼貌;缴获归公,不虐待俘虏。

(2) 奖励和处分

奖励和处分是纪律条令的主体部分,包括奖惩的目的和原则、奖惩的项目、奖惩的条件、奖惩的权限和实施等。

奖励的目的在于鼓励先进,维护纪律,调动官兵的积极性、创造性,发扬爱国主义、共产主义和革命英雄主义精神,保证作战、训练和其他各项任务的完成。奖励应坚持的原则是:严格标准,按绩施奖;发扬民主贯彻群众路线;以精神奖励为主,物质奖励为辅。对个人和单位的奖励项目有:嘉奖;三等功;二等功;一等功和荣誉称号。

处分的目的在于严明纪律，教育违纪者和部队，加强集中统一，巩固和提高部队战斗力。处分应坚持的原则：依据事实，惩戒恰当；惩前毖后，治病救人；纪律面前，人人平等。

对士兵的处分项目有：警告；严重警告；记过；记大过；降职或降衔；撤职；除名；开除军籍。

(3) 我军维护纪律的有关措施和条令的附则

这其中包括特殊措施、控告和申诉、首长责任和纪律监察三个部分。

条令规定对有打架斗殴、聚众闹事、酗酒滋事、持械威胁上级或者他人、违抗命令、严重扰乱正常秩序等行为的人员，可以实行行政看管。行政看管时间一般不超过 7 日。对被行政看管人员，应当进行教育，不得虐待、侮辱、打骂体罚。

3.《队列条令》

队列，是军人进行集体活动必需的组织形式。《队列条令》是全军队列训练的基本依据和队列生活的准则。现行《队列条令》共 11 章 71 条，4 个附录。内容大致分为 6 个部分。

(1) 总则

条令总则包括队列条令的作用和地位、首长和机关的职责、队列纪律等。

条令规定全体军人必须加强队列训练，培养良好的军姿、严整的军容、过硬的作风、严格的纪律性和协调一致的动作，促进军队正规化建设，巩固和提高战斗力。

队列纪律：坚决执行命令，做到令行禁止；姿态端正，军容严整，精神振作，严肃认真；按照规定的位置列队，集中精力听指挥，动作迅速、准确、协调一致；保持队列整齐，出列、入列应当报告并经允许。

(2) 队列指挥

队列指挥包括队列指挥位置、方法和要求。

指挥位置通常是：停止间，在队列中央前；行进间、纵队时在左侧中央前，必要时在中央前；横队、并列纵队时在左侧前或者左侧，必要时在右侧前(右侧)或者左(右)侧后。

(3) 队列队形

队列队形包括基本队形和队列的间距。

队列的间距：队列人员之间的间隔(两肘之间)通常约 10 cm，距离(前一名脚跟至后一名脚尖)约 75 cm。需要时，可以调整队列人员之间的间隔和距离。

(4) 队列动作

队列动作包括单个军人队列动作，班、排、连、营、团的队列动作。

(5) 敬礼、国旗的掌持、升降和军旗掌持、授予与迎送
(6) 阅兵、晋升(授予)军衔、授枪和纪念仪式

# 第三节　生理与心理准备

## 一、生理准备

为了能够全身心地投入军事训练,学生在军训前应做好以下准备:

1. 床上用品

有的部队为学生准备褥子,有的须自备。事先学校都会跟学生和家长交代清楚。如果部队只提供床铺,学生要带夏被(或毯子)、褥子和枕头。家长和学生不能图省事,以为越简单越好。军训一天下来学生非常疲惫,特别需要一张舒适的床铺。如果把衣服铺在身子底下做"褥子",把衣服叠起来当"枕头",学生会感觉很不舒服,睡觉也不解乏,也容易着凉生病。所以,该带的东西都应该带齐。

军训的地方一般在郊区甚至山区,夜里温度低,睡觉要注意保暖,所以夜间不宜开窗,不宜长时间吹风扇,以免着凉感冒发烧。

2. 服装、鞋帽

军训时的作训服要适体,过大过小都会使自己和他人感到别扭。适合的作训服也会使自己感受军人的自豪。

学生宜穿球鞋、军鞋或旅游鞋,忌穿新鞋和高帮鞋以及高跟鞋。新鞋不随脚,高帮鞋卡脚容易起泡。鞋号宜稍大一点,不宜小,以免勒脚磨脚。除了脚上穿的鞋子外,还应该另外带一双,防备雨天鞋湿以后有的替换。此外,袜子也应该多带几双,还应该注意袜子要柔软一些,最好是纯棉的,容易吸汗。袜子最好准备白色的,有的教官要求严格,统一要求白色的!

**丰满指数、体型、军服型别的关系表**

| 丰满指数 | 体型类别 | 军服型号 |
|---|---|---|
| 0.15 | 瘦体型 | 一型 |
| 0.16 | 微瘦体型 | 二型 |
| 0.17 | 标准体型 | 三型 |
| 0.18 | 微胖体型 | 四型 |
| 0.19 | 胖体型 | 五型 |

**男女作训服形体、型号对照**

| 类别 / 号型 | 男作训服 | | | 女作训服 | | |
|---|---|---|---|---|---|---|
| | 体高 | 型号 | 胸围 | 体高 | 型号 | 胸围 |
| 1 | 160～165 | 一<br>二<br>三 | 76～86<br>86～96<br>96～102 | 148～153 | 一<br>二 | 68～78<br>78～88 |
| 2 | 165～170 | 一<br>二<br>三 | 78～88<br>88～98<br>98～104 | 153～158 | 一<br>二 | 70～80<br>80～90 |
| 3 | 170～175 | 一<br>二<br>三 | 80～90<br>90～100<br>100～106 | 158～163 | 一<br>二 | 72～82<br>82～92 |
| 4 | 175～180 | 一<br>二<br>三 | 82～92<br>92～102<br>102～108 | 163～168 | 一<br>二 | 74～84<br>84～94 |
| 5 | 180～185 | 一<br>二<br>三 | 84～94<br>94～104<br>104～110 | 168～173 | 一<br>二 | 76～86<br>86～96 |

**军鞋号的设置及中间鞋号**

| 号型 / 类别 | 军鞋号的设置及中间鞋号 | |
|---|---|---|
| | 常用鞋号 | 中间鞋号 |
| 男军鞋 | 23～28 | 25.5 |
| 女军鞋 | 22～25.5 | 23.5 |

**军帽号码规定**

单位:cm

| 87 号码 | 1 | 2 | 3 | 4 | 5 | 6 | 7 |
|---|---|---|---|---|---|---|---|
| 原号码 | 6 | 5 | 4 | 3 | 2 | 1 | 特号 |
| 头围 | 54～55 | 55～56 | 56～57 | 57～58 | 58～59 | 59～60 | 60～61 |

3. 雨具

学生勿忘带雨伞(雨衣),防备往返路程以及军训之余下雨。

4. 两个盆子

一个用于洗脸,一个用于洗脚。军训时活动量大,出汗多,而部队有时不能保证几百名学生每天都可以洗上澡,所以一定要准备两个盆,无论男生或者女生,每天晚上都要清洗下身,保证会阴部的清洁,以免泌尿系统感染。

5. 一只水壶

水壶容量要大,既可以晾水,还可以储水;瓶口要大,接水时以免烫伤;有提拉,以便携带;且不容易碎。训练后要适量补充水分,不宜大量饮水,易导致人体电解质失衡,甚至会得消化道疾病。

6. 短裤衬衫

军训时由于大量出汗,内衣经常湿透,三角裤边经常卷起来将大腿内侧磨破露出鲜红的嫩肉。建议身体较胖、大腿较粗的同学多带几条平角裤,避免大腿根部的摩擦。

军训的地方一般都在郊区甚至山区,日夜温差大,夜间学生还有可能站岗值勤,且难免赶上阴天下雨,最好带一条大短裤和一件纯棉无袖衬衫,以备天凉时套在军训服里面。立秋以后军训的学生尤其应该重视这一点。

军训运动量大,女学生有可能生理周期提前或经量增多,要备足卫生用品。身体严重不适时要及时向带队老师汇报,以便安排休息。

7. 男女短发

军训前,男生最好剃个"板寸",头发长了感觉热,但也不宜剃光头。女学生最好剪成短发,好梳洗,又凉快,还好戴军帽。



8. 备用药品

可以根据学生自己身体的具体情况带一些药品。比如平时容易大便干燥的,可以带点温和的润肠药,忌猛烈的泻药;晕车的,带点茶苯海明(乘晕宁);防备虫咬可以带点清凉油、绿药膏之类;也可以带点藿香正气水、创可贴、麝香止痛膏,有条件的可以带些湿纸巾等。要强调的是,身体不适要及时向带队老师汇报,及时医治,切不可自行乱吃药,以免误诊误治。因为军训时不断地喊口号,喊得口干舌燥,所以,可以带点润喉片,养护嗓子。可以带一盒爽身粉,晚上洗漱之后涂上一层,清新舒爽。

9. 管住馋嘴

军训前,学生忌在家里吃些大鱼大肉,"鱼生痰肉生火",内热遇外感,军训时学生容易感冒发烧,不但自己受罪,家长担心,还给老师和教官带来许多麻烦。

一定别将火腿肠之类的食品带到部队。学生往往怕老师、教官发现,将食品偷着掖着藏着，住宿的地方没有空调、电冰箱，大热天的很容易坏，吃了之后容易引起腹泻。不要吃含有兴奋神经的作用的食品和饮料，如咖啡、红牛饮料等。学生军训过集体生活，已经很新鲜很兴奋，晚上经常聊天睡不着觉，如果再喝上一杯咖啡，入睡更困难。睡眠不好，势必影响第二天的军训。

10. 注意指甲

军训前(包括军训期间)，学生要正确剪指甲，忌抠指甲，预防倒刺，以免军训时发生甲沟炎。

11. 不喝生水、不挑食

军训期间，学生一定要喝凉白开水，不喝生水，以免引起肠道传染病。在部队吃的是大锅饭，可能不如家里的饭好吃，但是保证卫生和营养，学生不管爱吃不爱吃，都应该吃饱，不能挑食，以免能量不够，致低血糖晕倒，影响身体健康。

12. 头晕、眼花、扭伤

军训时，如果感觉头晕、眼花、要晕倒，学生切忌硬挺着。正确的办法是立即喊报告或拽一下同学的衣角，原地坐下，待眩晕过后再到阴凉地休息一会儿。尽量避免直挺挺地倒下去，以防猝然倒地引发摔伤。要避免扭伤崴脚。一旦扭伤崴脚，切忌按摩和热敷，应该立即用凉水冲洗 15 分钟，之后找校医处理。如遇烫伤，也应该及时用凉水冲洗，然后找校医处理。

## 二、心理调节

军训当中产生的心理压力，主要指青年学生从较为自由松散的环境，一下子进入严格紧张的军事训练中所产生的生理及心理的不适应感。克服心理压力的方法有多种多样。

1. 正确认识军训，避免抵触情绪

为什么军训会使你产生心理压力呢？那是因为你以前松散惯了，现在有一套法规和纪律约束，就如同戴上紧箍咒的孙悟空，浑身不习惯、不适应、不舒服，这是很正常的。适应军训需要有一个过程。随着军训过程的延续，大家就会由不习惯到习惯、由不适应到适应，心理压力就会逐步减弱。

2. 避免和教官的正面冲突

教官是按照正规的训练科目进行训练的，军训时他们是按军人的要求进行管理和训练，有些同学在家生活条件优越，会很不适应，难免产生抵触情绪，容易发生冲突。这时同学们要自觉以军人要求提醒自己，和教官相互沟通，也可以找学校老师协调处理，切不可意气用事。

3. 树立挑战压力的信心

要时刻有这样的心理暗示：别人能承受的，我也能承受；别人不能承受的，我还能承受。请你相信心理暗示的作用，它让你获得心理成熟的同时，也让你体验着战胜压力的快感。

4. 严格训练，展示自己

军训之前，必须做好心理准备。可以向参加过军训的同学或朋友了解军训的有关事项，对可能遇到的困难做到心中有数，并找出应对的办法。这样，进入角色就会快一些。军训中，你自己先要对自己严格要求。一般来说，别人要求你办的事，总觉得严，而自己要求自己办的事再严也不觉得。所以，如果你对自己的要求比教官还严，反而会觉得教官的要求“松”了。军训中高质量完成训练动作，展现自己在严格环境中，接受挑战的能力。

5. 适当宣泄心理压力

一定的心理压力，可以产生工作和学习的动力。但是，如果压力过重，又找不到适当的宣泄途径，就会导致心理疾病或心理障碍。因此，在紧张的军训中，适当地宣泄压力是很有必要的。你可找好朋友聊聊天，也可以找教官谈谈心，甚至可以找一个空旷无人的地方大喊大叫。你还要积极参加各项活动，并争取充当主要角色。这些方法对缓解心理压力是大有益处的。

6. 容忍挫折

挫折并不要紧，重要的是你对挫折的反应。在许多时候，人们的挫折感来源于对“完美”的追求。要知道，这个世界并不十全十美，你犯不着为一些小失误斤斤计较，过分自责。接受、分析挫折，是你避免下次挫折的前提。

# 第三章　军事技能实训

## 第一节　队列动作

### 一、单兵基本动作

立正，稍息！军训，是新生们迈进校门上的第一堂课，让莘莘学子像军人那样，磨炼钢铁一样的意志，然后将这段军训的历程打包进人生的行囊带着它上路，用坚韧的意志面对今后的一切。

1. 立正

口令："立正。" 没有预令，要求声音洪亮、清楚，短促有力。

要领：两脚跟靠拢并齐，两脚尖向外分开约 60°，两腿挺直；小腹微收，自然挺胸；上体直，微向前倾；两肩要平，稍向后张；两臂下垂自然伸直，手指并拢自然微曲，拇指尖贴于食指第二节，中指贴于裤缝；头要正，颈要直，口要闭，下颌微收，两眼向前平视。

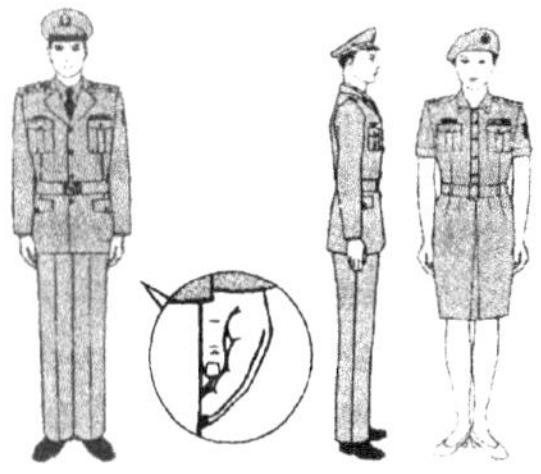

徒手立正姿势

2. 跨立(即跨步站立)

口令："跨立。"

要领：左脚向左跨出约一脚之长，两腿挺直，上体保持立正姿势，身体重心落于两脚之间。两手后背，左手握右手腕，拇指根部与外腰带下沿(内腰带上沿)同高；右手手指并拢自然弯曲，手心向后。携枪时不背手。

训练要求：动作应快速有力，左脚移动与身体重心移动应协调一致。上体成立正姿势。胸要挺出，两大臂稍向后张，注意左手握右手腕，右手五指不得张开。

跨立姿势

由跨立姿势换成立正姿势时，注意两手迅速松开，取捷径行于裤缝，左脚向右靠拢时应有力，成立正姿势。

3. 稍息

口令:“稍息。”

要领:左脚顺脚尖方向伸出约全脚的三分之二,两腿自然伸直,上体保持立正姿势,身体重心大部分落于右脚。携枪(筒、炮)时,携带的方法不变,其余动作同徒手稍息相同。稍息过久,可以自行换脚。

注意:身体重心大部分落于右脚;稍息出脚时,脚跟稍提起,脚腕稍用力,前脚掌迅速沿地面擦出。

4. 停止间转法

(1) 向右(左)转

口令:向右(左)——转。

要领:以右(左)脚跟为轴,右(左)脚跟和左(右)脚掌前部同时用力,使身体和脚一致向右(左)转 90°,体重落在右(左)脚,左(右)脚取捷径迅速靠拢右(左)脚,成立正姿势。转动和靠脚时,两腿挺直,上体保持立正姿势。

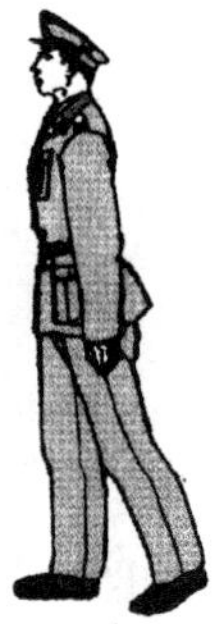

右转姿势

半面向右(左)转,按向转的要领转 45°。

(2) 向后转

口令:向后——转。

要领:按向右转的要领向后转 180°。

训练要求:连贯动作练习应做到“四快”。即转体快、抓地快、跟体快、靠脚快;“一稳”身体稳;“一正”方向正。同时要掌握好节奏。在转体时,两脚挺直,上体保持立正姿势,两臂不得外张,保持立正时的手形,裆部夹紧,注意脚跟和前脚掌同时用力,使身体和脚一起转动,身体重心落在轴心脚。前方脚注意掌握好方向,后方脚脚跟应摆正。靠脚时,两腿挺直,膝盖不得弯曲,取捷径,不要外扫或跺脚。



5. 行进与立定

(1) 齐步与立定

口令:齐步——走。立——定。

训练要领与步骤:

听到“齐步——走”的口令后,左脚向正前方迈出约 75 cm,按照脚跟、脚掌的顺序着地,身体重心前移,上体正直,微向前倾,手指轻轻卷握,拇指贴于食指第二节,两臂前后自然摆动,向前摆动时,肘部稍弯曲,小臂自然里合,手心向内稍向下,拇指跟部对准衣扣线,并与最下方衣扣线同高,离身体约 30 cm;向后摆臂时,手臂自然伸直,手腕前侧距裤缝线约 30 cm。

齐步姿势

行进速度每分钟 116~122 步。

听到“立定”的口令后，左脚向前大半步着地（脚尖稍向外张约 30°），两腿挺直，右脚取捷径迅速靠拢左脚，成立正姿势。“立定”口令的“立”下在左脚，“定”下在右脚。

训练要求：齐步行进时，要精神振奋，姿态端正，臂腿协调，节奏分明。摆臂自然大方，定型定位、步幅、步速准确，两眼注视前方，要有勇往直前的精神。要求做到“脚跟先着地，脚腕稍用力，膝盖向后压，身体向前移”。

立定时，两腿挺直，做到不弯腰，不外扫，不跺脚，靠脚要迅速有力，腿臂靠放一致。

(2) 正步与立定

口令：正步——走。立——定。

要领：左脚向正前方踢出约 75 cm（腿要绷直，脚尖下压，脚掌与地面平行，离地面约25 cm），适当用力使全脚掌着地，同时身体重心前移，右脚照此法动作。上体正直，微向前倾；手指轻轻握拢，拇指伸直贴于食指第二节。向前摆臂时，肘部弯曲，小臂略成水平，手心向内稍向下，手腕下沿摆到高于最下方衣扣约 10 cm 处（着夏季作训服时，约与第三衣扣同高；着冬季作训服，与第四衣扣同高），离身体约 10 cm；向后摆臂时（左手心向右，右手心向左），手腕前侧距裤缝线约 30 cm。行进速度 110～116 步/min。

正步姿势

训练中要注意摆臂的路线、弯臂加速的时机及定位的准确。摆臂时，两臂要轻擦身体前后摆动，前摆时，当肘部超过身体前平面时屈肘，同时小臂加力上端，肘部前迎下压。将小臂摆至略平，使小臂与大臂略成直角。

训练中可结合摆臂限制线、踢脚高度线、沙袋多功能检查尺等器材进行练习，首先掌握动作要领，并逐渐做到摆臂踢脚快、姿态稳、定位准。

正步行进时，要军姿端正，神色从容，动作自然大方，节奏分明，摆臂定型定位，步幅、步速准确，要求做到“三快两稳一协调”，“三快”即踢腿摆臂快、着地快、跟体

快;“两稳”即踢腿到位要稳,脚着地上体要稳;“一协调”即臂腿结合要协调自然。

(3) 跑步行进与立定

口令:跑步——走。

要领:听到预令“跑步——”,两手迅速握拳(四指卷握,拇指贴于食指第一关节和中指第二节),提到腰际,约与腰带同高,拳心向内,肘部稍向里合。听到动令“走”,上体微向前倾,两腿微弯,同时左脚利用右脚掌的蹬力跃出约 85 cm,前脚掌先着地,身体重心前移,右脚照此法动作。两臂前后自然摆动,向前摆臂时,大臂略直,肘部贴于腰际,小臂略平,稍向里合,两拳内侧各距衣扣线约 5 cm;向后摆臂时,拳贴于腰际。行进速度 170～180 步/min。

跑步姿势

跑步行进时,上体端正,两眼注视前方,利用前脚掌的弹力前进。臂腿协调自然。摆臂时,两拳不要上下打鼓,不左右围绕腹部摆动,肘部不得外张,做到摆臂不露肘,后摆不露手。立定时不垫步,不跨步,不弯膝,臂腿靠放要一致。

(4) 便步

便步用于行军、操练后恢复体力及其他场合。

口令:便步——走。

要领:用适当的步速、步幅行进,两臂自然摆动,上体保持良好姿态。

(5) 踏步与立定

踏步用于调整步伐整齐。

停止间口令:踏步。立——定。

行进间口令:踏步——走。立——定。

要领:齐步踏步时,两脚在原地上下起落(抬起时,脚尖自然下垂,面约15 cm;落下时,前脚掌先着地),上体保持正直,采用齐步或者跑步的摆臂要领摆动。跑步的踏步,听到口令,继续踏 2 步,再换齐步或者跑步行进。

齐步踏步时,听到“立——定”的口令,左脚踏 1 步(左臂在前,右臂在后),右脚靠拢左脚的同时,双手放下,成立正姿势(跑步的踏步,听到口令,继续踏 2 步,再按上述要领进行)。

踏步姿势

(6) 移步(5 步以内)

移步用于调整队列位置。

① 右(左)跨步

口令:右(左)跨×步——走。

要领：上体保持正直，每跨 1 步并脚 1 次，其步幅约与肩同宽，跨到指定步数停止。

② 向前或后退

口令：向前×步——走。后退×步——走。

要领：向前移步时，应当按单数步移。向前 1 步时，用正步或齐步的要领进行。向后退时，不摆臂，退到指定步数停止。

6．行进间步法变换与转法

（1）行进间步法变换

① 齐步、正步互换

要领：齐、正步行进时，听到“正（齐）步——走”的口令，右脚继续走 1 步，左脚即换正步或者齐步行进。

② 齐步、跑步互换

口令：跑步——走，齐步——走。（动令落于右脚）

要领：齐步行进时，听到“跑步——走”的预令，两手迅速握拳提到腰际，两臂前后自然摆动；听到动令，左脚换跑步行进。跑步行进时，听到“齐步——走”的口令，继续跑 2 步，然后换齐步行进。

③ 齐步、踏步互换

口令：踏步、前进。（动令落于右脚，迈左脚）

要领：齐步行进时，听到“踏步”的口令，即从左脚开始踏步；踏步时，听到“齐步前进”的口令，继续踏 2 步，尔后左脚换齐步行进。

④ 跑步、踏步互换

口令：踏步、前进。（动令落于右脚）

要领：跑步行进时，听到“踏步”的口令，继续跑 2 步，然后换踏步（步速同跑步）。踏步时，听到“跑步前进”的口令，继续踏 2 步，尔后换跑步行进。

（2）行进间转法

① 齐步、跑步向右（左）

口令：向右（左）转。半面向右（左）转——走。

要领：左（右）脚向前半步走的方法，分向右（左）转，走（跑步时，继续跑 2 步，再向前半步），脚尖先向右（左）转约 45°，身体向右（左）转 90°，左（右）脚不转动，同时出右（左）脚按照原步法向新方向行进。半面向右（左）转走时，按照向右（左）转走的要领转 45°。

② 齐步、跑步向后转

口令：向后转——走。

要领：左脚向右脚前迈出约半步（跑步时，继续跑 2 步，再向前半步），脚尖向右约 45°，以两脚的前脚掌为轴，向后转 180°，出左脚按照原步法向新方向行进。

7. 坐下、蹲下、起立

(1) 坐下，起立

口令：坐下；起立。

动作要领：听到口令"分解动作，坐下"，左小腿在右小腿后交叉；迅速坐下。手指自然并拢放在两膝上，上身保持挺直。听到"起立"的口令，迅速起立不靠腿；左腿靠拢右脚成立正姿势。

集会坐姿

蹲下姿势

(2) 蹲下，起立

口令：蹲下；起立。

动作要领：听到"蹲下"的口令，右脚后退半步，前脚掌着地；迅速蹲下，臀部坐在右脚跟上，两腿分开约 60°(女军人两腿自然并拢)，手指自然并拢放在两膝上，上体保持正直。蹲下过久可自行换脚。听到"起立"的口令，全身协力迅速起立；右脚靠拢左脚成立正姿势。

徒手脱帽姿势

8. 脱帽、夹帽、戴帽与整理着装

(1) 脱帽

口令：脱帽

要领：双手捏帽檐或者帽前端两侧，将帽取下，取捷径置于左小臂，帽徽向前，掌心向上，四指扶帽檐或者帽前端中央处，小臂略成水平，右手放下。

徒手夹帽姿势

(2) 夹帽

口令：夹帽

要领：双手捏帽檐或者帽前端两侧，将帽取下，取捷径置于身体左侧，左手握帽檐，帽徽向前，帽顶向左，左臂自然伸直，右手放下。

(3) 戴帽

口令:戴帽

要领:双手握帽檐或者帽前端两侧,取捷径将帽迅速戴正。

(4) 整理着装

整理着装,通常在立正的基础上进行。

口令:整理着装。

要领:双手从帽子开始,自上而下,将着装整理好。必要时,也可以相互整理。整理完毕,自行稍息。听到"停"的口令,恢复立正姿势。

9. 敬礼、礼毕

(1) 举手礼

口令:敬礼

停止间徒手敬礼

要领:上体正直,右手取捷径迅速抬起,五指并拢自然伸直,中指微按帽檐右角前约2 cm 处(戴无檐帽或者不戴军帽时,微接太阳穴,与眉同高),手心向下,微向外张(约 20°),手腕不得弯曲,右大臂略平,与两肩略成一线,同时注视受礼者。

(2) 注目礼

要领:面向受礼者成立正姿势,同时注视受礼者,并目迎目送(右、左转头角度不超过 45°)。

(3) 礼毕

口令:礼毕

要领:行举手礼者,将手放下;行注目礼者,将头转正。



## 二、班的基本队列

1. 班的队形

班横队时,相邻战士两肘之间的间隔约为 10 cm;班纵队时,前一名战士脚跟至后一名战士脚尖距离约为 75 cm。需要时,可以调整队列人员的间隔和距离。

要领:

(1) 横队时,队列人员排列整齐并保持规定的间隔(约 10 cm),指挥位置与队列约成等边三角形(班长位于队列中央前 5～7 步处)。

(2) 纵队时,队列人员前后对正,并保持距离(约 75 cm),指挥位置在队列中央前(距离基准兵 3～5 步)。

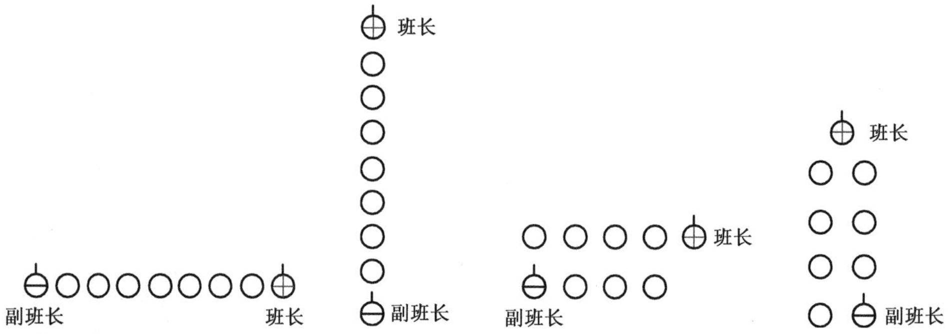


班横队　　班纵队　　班二列横队　　班二路纵队

训练要求：

(1) 站横队时，基准兵在右，其他士兵依次向左排列，站成班横队，并保持好规定的间隔。要注意“三线”的整齐。“三线”即脚跟线、胸线和下颌线。

(2) 站纵队时，基准兵在前，其他士兵依次向后排列，站成班纵队，并保持好规定的距离。要注意前后对正，指挥员的指挥位置要准确。

2. 集合与离散

口令与要领：

(1) 集合时，班长发出预告后，要略加停顿，尔后选定方向(位置)，成立正姿势下达口令。

(2) 全班听到预告或者信号，原地面向班长成立正姿势。听到“集合”口令，基准兵选择位置要准确，并迅速到位，其他士兵的动作也要迅速。跑步到相应位置面向班长集合，自行对正、看齐，成立正姿势。



(3) 队列人员听到“解散”的口令后，应当迅速离开原列队位置。

3. 整齐、报数

(1) 整齐

口令与要领：

① 听到“向右(左)看齐”的口令，基准兵不动，其他军人迅速向右(左)转头，眼睛看右(左)邻军人的腮部，以小碎步取齐，前四名能通视基准兵；自第五名起，以能通视到本人以右(左)第三人为度。

② 听到“向前看”的口令，迅速将头转正，恢复立正姿势。

③ 听到“以×××为准”(或者以第×名为准)时，基准兵答“到”，同时左手握拳高举，大臂前伸与肩略平，小臂垂直举起，拳心向右；

④ 听到“向中看——齐”的口令后，其他军人按照向左(右)看齐的要领实施。

⑤ 听到“向前——看”的口令后，基准兵迅速将手放下，其他军人迅速将头转

正，恢复立正姿势。

纵队看齐时，可以下达“向前——对正”的口令。基准兵不动，其他军人迅速向前对正。

(2) 报数

听到“报数”的口令，横队从右至左(纵队由前向后)依次以短促洪亮的声音转头(纵队向左转头)报数，正直转头约 45°，要迅速、连贯最后一名不转头。

4. 出列、入列

(1) 出列

口令：“××同志(或第×名)，出列”。

要领：出列军人听到呼点自己的姓名(序号)后应答“到”，听到“出列”口令后应答“是”。

① 位于第一列(左路)的军人，按照上述要领，取捷径出列。

② 位于中列(路)的军人，向后(左)转，待后列(左路)同序号的军人向右后退 1 步(左后退 1 步)让出缺口后，按照上述规定从队尾(纵队时从左侧)出列；位于“缺口”位置的军人，待出列军人出列后，即复原位。

③ 位于最后一列(右路)的军人出列，先退 1 步(右跨 1 步)，然后，按照以上规定从队尾出列。

(2) 入列

口令：“入列”。

要领：听到“入列”口令后应答“是”，然后，依出列的相反程序入列。

5. 行进、停止

(1) 行进

口令：“×步——走”。

要领：基准兵向正前方前进，其他士兵向右翼标齐，保持规定的间隔、距离行进。

纵队行进时可成一、二路纵队行进，行进中可用“一、二、一”、“一、二、三、四”的口令调整步伐。

(2) 停止

口令：“立——定”。

要领：听到口令，按照立定的要领实施，停止后，听到“稍息”的口令，先自行对正、看齐稍息。

6. 队形与方向变换

(1) 停止间队形变换

① 班横队变班纵队

口令：

横队变纵队。停止间口令：横队变纵队，向右——转。

纵队变横队。停止间口令：纵队变横队，向左——转。

要领：班横队变为班纵队时，班长应先跑步到预定队形中央前，成立正姿势，面向队列，尔后下达“向右——转”的口令。全班人员听到口令后，按照单兵队列动作向右转的要领实施。由班纵队变为班横队时，班长先跑步进到队形左侧中央前，面向队列下达“向左——转”的口令，由班纵队变成班横队，向左转时要按照单兵队列动作向左转的要领实施。

② 班横队变班二列横队

口令：成班二列横队——走。

要领：班横队变为班二列横队前，先报数。尔后班长位于预定队形中央前，下达“成班二列横队—走”的口令，双数士兵左脚后退一步，右脚(不靠拢左脚)向右跨一步，左脚向右脚靠拢，站到单数士兵之后，自行对正、看齐。

③ 班二列横队变班横队

口令：间隔一步，向左离开，成班横队——走。

要领：听到“间隔一步，向左离开”的口令后，取好间隔；听到“成班横队—走”的口令后，双数士兵左脚左跨一步，右脚(不靠拢左脚)向前一步，左脚向右脚靠拢，站到单数士兵左侧，自行看齐(指挥员或班长根据队形的变换情况，应先变换指挥位置，位于队形中央前)。

④ 班纵队变班二路纵队

口令：成班二路纵队——走。

要领：变换前先报数，听到口令后，双数士兵左脚右跨半步，左脚(不靠拢右脚)向前一步，右脚向左脚靠拢，站到单数士兵右侧，自行对正，看齐。



⑤ 班二路纵队变班纵队

口令：距离两步，向后离开，成班纵队——走。

要领：听到“距离两步，向后离开”的口令，取好距离；听到“成班纵队—走”的口令后，双数士兵右脚后退一步，左脚(不靠拢右脚)站到单数士兵之后，自行对正。班二路纵队变班纵队时，指挥员应先右跨半步。

(2) 行进间队形变换

口令：横队变纵队：向右转——走。

纵队变横队：向左转——走。

要领：在行进间横队与纵队互换时，班长应先跑步到预定队形中央前，下达“齐步——走”的口令，然后再下达变换队形的口令。

全班士兵按单兵队列动作行进间转法向右(后、左)转走的要领实施。

队形变换时要注意以下几点：

① 队形变换时，班长的指挥位置要准确，口令要清楚、洪亮、及时。

② 变换队形时，不能反排面行进：横队变纵队时应向右转（向右转——走）；纵队变横队时应向左转（向左转——走）。

③ 班横队与班二列横队、班纵队与班二路纵队互换时，双数士兵跨步向前或向后退一步（不靠脚）时要直角进到单数士兵的后面或者右侧，并取好间隔、距离，自行对正、看齐。

④ 停止间变换队形前，取好间隔或者距离，队列人员要保持上体军姿不变形，以小碎步快速取好间隔或距离。

⑤ 停止间队形变换后的看齐，要在靠脚之后进行。横队向右转头，以小碎步迅速看齐，纵队以小碎步迅速对正，并取好距离（班二路纵队时，看齐后由前至后自行将头转正）。

⑥ 行进间队形变换时，全班人员在行进中保持上体平稳、精神振奋，同时用两眼的余光标齐排面。纵队行进时，向前对正，保持好规定的距离。

（3）方向变换

① 停止间班队列方向变换

● 班横队方向变换

口令：左（右）转弯，齐（跑）步——走。

要领：班横队方向变换时，听到“左（右）转弯，齐（跑）步——走”的口令后，轴翼士兵踏步，并逐渐向左（右）转动，外翼第一名士兵用大步行进并同相邻士兵动作协调，逐步变换方向（愈接近轴翼者，其步幅愈小），其他士兵用眼睛的余光向外翼取齐，并保持规定的间隔和排面整齐，转到90°时踏步并取齐，听到“立——定”的口令后原地立定。

● 班纵队方向变换

口令：左（右）转弯，齐（跑）步——走；

左（右）后转弯，齐（跑）步——走。

要领：班纵队方向变换时，基准兵在左（右）转弯时，按照单兵行进间转法的要领实施，用小步边行进边变换方向，转到90°或者180°后，照直前进；其他士兵逐次行进到基准兵的转弯处，转向新方向跟进。

② 行进间班队列方向变换

● 班横队方向变换

口令：齐（跑）步——走，左、右转弯——走，前进，立——定。

要领：在齐步行进中，听到“左（右）转弯——走”的口令后，按照班横队停止间方向变换时的要领实施。转到90°时自行踏步，听到“前进”的口令后，按照新方向前进；听到“立一定”的口令后，按照齐步立定的动作要领实施。

● 班纵队行进间方向变换

口令：齐（跑）步——走，左、右（后）转弯——走，立——定。

要领：在齐步行进中，听到“左、右（后）转弯——走”的口令后，按照停止间班纵队方向变换的动作要领实施。基准兵在左、右（后）转弯时，按照单兵行进间转法的要领实施用小步边行进边变换方向，转到90°或者180°后照直前进；其他士兵逐次行进到基准兵的转弯处转向新方向跟进。听到“立——定”的口令后，按照齐步立定时的动作要领实施。

## 第二节　阅　　兵

紧张、艰苦的军训即将结束，同学们在这段时光里，学习了我国的国防概况，掌握了徒手队列动作、军体拳、军事常识以及各种军训文体活动，既接受了军队生活考验和磨砺，又感受了军队生活的快乐，提高了各种能力。如何检验这段时光的成果，而同学们又如何向学校领导和教官汇报我们的成绩呢？那就是我们共同期待的会操、阅兵。

敬礼

正步走

### 一、会操程序

介绍主席台领导；升国旗；迎校旗；阅兵式；教官表演；分列式（会操）；军体拳表演；学生代表发言；优秀学员、标兵（军事训练标兵、内务卫生标兵、作风纪律标兵）、连队以及内务评比等表彰；军训总结。

### 二、阅兵式

阅兵，分为上级首长检阅和本级首长检阅。当上级首长检阅时，由本级首长陪同；当本级首长检阅时，由军校或负责军训方同级首长陪同；一般由军训团或者营指挥员任阅兵指挥。

阅兵式程序：

1. 阅兵首长接受阅兵指挥报告

当阅兵首长行至本团（或营、连）队列右翼适当距离时，阅兵指挥在队列中央前下达“立正”的口令，随后跑到距阅兵首长 5～7 步处敬礼，待阅兵首长还礼后礼毕并报告。例如：“×××同志，×××××列队完毕，请您检阅”。报告后，左跨 1 步，向右转，让首长先走，尔后在其右后侧（当上级首长检阅时，本级首长应在其右侧）跟随陪阅。

阅兵式

2. 阅兵首长检阅部队

当阅兵首长行至各分队队列右前方时，由连教官下达“敬礼”的口令。听到口令后，此连教官行举手礼，队列人员行注目礼，目迎目送首长（左、右转头不超过 45°）。当首长问候：“同志们好！”或者“同志们辛苦了！”，队列人员应当齐声洪亮地回答：“首——长——好！”或者“为——人民——服务！”，当首长通过后，教官下达“礼毕”的口令，队列人员礼毕。

3. 阅兵首长上阅兵台

阅兵首长检阅完毕后上阅兵台，阅兵指挥跑步到队列中央前，下达“稍息”口令，队列人员稍息。

## 三、分列式

军训分列式队形由阅兵式队形调整变换，或者由阅兵指挥临时规定。

1. 标兵就位

军训分列式，应当设四个标兵。一、二标兵之间和三、四标兵之间的间隔各为 15 m，二、三标兵之间的间隔为 40 m。



分列式开始前，阅兵指挥在队列中央前，下达“立正”“标兵就位”的口令。标兵听到口令，成一路纵队跑步到规定的位置，面向部队成立正姿势。

分列式

2. 调整部（分）队为分列式队形

标兵就位后，阅兵指挥下达“分列式，开始”的口令，尔后，跑步到自己的列队位置。听到口令后，各队列教官分别进到自己队列中央前，下达“右转弯，齐步——走”的口令，指挥分队变换成分列式队形。

3. 开始行进

变换成规定的分列式队形后，第一队列教官下达“齐步——走”的口令。听到口令后，第一队列人员齐步前进，其余分队依次待前一分队离开约 15 m 时，分别由队列教官下达“齐步——走”的口令，指挥本队列人员前进。

4. 接受首长检阅

各队列行至第一标兵处，将队列调整好；进到第二标兵处，教官下达“正步——走”的口令，由齐步换正步。此时，阅兵首长和陪阅人员面向队列行注目礼（若有掌旗员和护旗兵，应向军旗敬礼）。各队列教官分别下达“向右——看”的口令，队列人员听到口令后（可喊“一、二”），按规定换正步行进，位于指挥位置的教官行举手礼，其余人员向右转头（各列右翼第一名不转头）不超过 45°注视阅兵首长，此时，阅兵首长答礼，其他陪阅人员可不答礼；进到第三标兵处，教官下达“齐步——走”的口令，由正步换齐步，并下达“向前——看”的口令，队列人员听到口令后，在礼毕的同时换齐步行进。各分队通过第四标兵，换跑步带到指定的位置。待最后一个分队通过第四标兵，阅兵指挥下达“标兵，撤回”的口令，标兵按相反顺序跑步撤至预定位置。

## 四、阅兵首长讲话

分列式结束后，阅兵指挥调整好队形，请阅兵首长讲话。讲话完结，阅兵指挥下达“立正”口令，向阅兵首长报告阅兵结束。

# 第三节　单兵战术动作

单兵战术动作是单个军人在战斗中运用各种手段消灭敌人，保存自己的方式、方法，也是最基本的战术动作，包括卧倒、起立、直身和屈身前进、跃时、滚进、匍匐前进等。



## 一、卧倒

卧倒是隐蔽身体，避免敌火杀伤的一种最低姿势。根据携枪姿势不同，可分为持枪卧倒与端枪卧倒；根据卧倒方向不同可分为向前卧倒、向（左）右侧卧倒、向侧后卧倒；根据地形情况，又可分为上步卧倒与撤步卧倒；根据两腿运动前后又可分为上左脚卧倒与上右脚卧倒。

1. 持枪卧倒

持枪卧倒

口令：“持枪向××——卧倒”或“卧倒”。

要领：在持枪的基础上，右手提枪并握背带，左（右）脚向卧倒方向迈出一大步（受地形限制不便于迈步时，也可撤一大步），左（右）脚弯曲，右（左）脚伸直，身体前倾下塌，两眼注视前方，左手顺左（右）脚方向伸出，掌心向下稍向后，按左膝、左手、左肘、身体左侧的顺序卧倒，右手迅速出枪，左手接握弹匣（弹仓）或下护木，两腿伸直，两脚分开约与肩同宽，右手移握握把（枪颈），成卧姿无依托射击姿势。无射击任务时，卧倒后，左小臂横贴于地面，右手将枪轻贴身体右侧，枪面向右，枪管放在左小臂上，成卧姿隐蔽姿势。

持班用机枪卧倒时，右手提枪，左手打开脚架，左脚向卧倒方向迈出一大步，两眼注视前方，将枪前送对向目标架于地上，两手在枪托两侧撑地，迅速卧倒，右手握握把，左手握枪颈，成卧姿射击姿势。

2．端枪卧倒

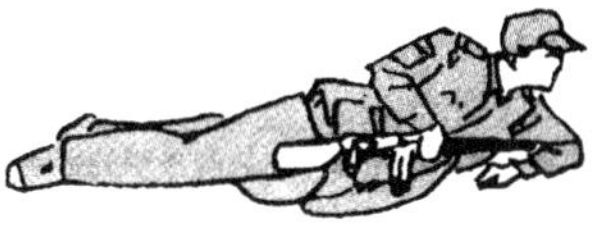
端枪卧倒

口令："端枪——卧倒"或"卧倒"

要领：在端枪前进的基础上，上体前倾，左脚向前迈一大步，按左膝、两肘的顺序身体迅速着地卧倒，卧倒后两手协力出枪，同时两腿后伸，全身俯地，成卧姿射击姿势。

训练步骤：分解动作练习、卧倒后出枪和收枪练习、连贯动作练习。

（1）分解动作练习方法的口令是："分解动作卧倒——2——3"

分解动作练习的要领是：当听到"分解动作卧倒"的口令后，左（右）脚向卧倒方向迈出一大步，左手前伸，听到"2"的口令后，按左膝、左肘、身体左侧的顺序着地卧倒。听到"3"的口令时，右手将枪向目标方向送出成卧姿准备射击姿势。卧倒后出枪和收枪练习要领是：在卧倒的基础上听到"1"的口令出枪，听到"2"的口令收枪，反复练习。

（2）连贯动作练习，重点练习动作的连贯性和熟练程度。

训练重点：上步要大，重心要低；掌握好卧倒时身体各部位着地的顺序；出枪要快，接枪要稳，动作要协调。

## 二、起立



起立是在卧倒的基础上恢复站立姿势，是为了转移和再次向敌接近的跃起动作时用。可为为支身起立和团身起立，也可分为持枪起立和端枪起立。

1．支身起立

口令："支身——起立"。

要领：右手移握护木收枪，同时转体向右，两眼注视前方，左小臂稍向里合，屈左腿于右腿下，以左手、左膝、左脚的支撑力将身体支起，同时出右脚前进。停止间时，右脚向前一大步，左脚再向前一大步，右脚靠拢左脚，成持枪立正姿势。也可右手收枪置于身体右侧，枪面向右，手背着地，同时左手移至左户外侧掌心着地，以两手的支撑力和两脚尖的蹬力迅速起立，同时左脚向前迈一步，出右脚前进，或右脚靠拢左脚，成持枪立正姿势。

携班用机枪起立时，两手在枪托两侧撑地，将身体支起，同时右脚向前一步，左脚再向前一步，右手提枪前进。

2. 团身起立

口令："团身端枪——起立"或"团身持枪——起立"。

要领：两手协力收枪，使枪轻贴身体右侧，手背着地，枪面向右（也可右手收枪，左小臂稍向里合，左手掌着地），屈身向右转体，同时屈左腿，使左膝位于胸前，右脚收置于左脚腕前，以两手（左手）的支撑力和身体左转的力量，迅速起立，出左脚成持（端）枪前进姿势，或左脚向前一步，右脚靠拢左脚成持枪立正姿势。

训练步骤：分解动作练习、连贯动作练习。

分解动作练习口令是"分解动作，起立——2——3"

分解动作的要领是当听到"分解动作起立"的口令后身体稍向右转，左小臂里合、左腿屈于右腿下。听到"2"和口令后利用左手和两脚的支撑力将身体支起，而后上右脚，听到"3"的口令后成持枪（肩枪）立正姿势。

训练重点：三收动作要准确协调；起立要迅速、两眼目视前方。

## 三、几种主要的运动姿势和方法

直身前进

1. 直身前进

直身前进是在地形隐蔽，敌人对我观察不到时采用。通常以大步或快步持枪前进。

2. 屈身前进

屈身前进通常是在遮蔽物略低于人体时采用。其要领是：右手持枪，上体前倾，两腿弯曲，屈身程度视遮蔽物高低而定，目视前方，以大步或快步前进。



3. 跳入战壕

屈身前进

跳入时应根据壕的深浅，采取不同方法，壕较浅时，右脚踏壕沿，左脚迈出的同时收枪，以右脚掌的弹力，顺势跳入壕内，两脚着地的同时（或下落中）劈枪。壕较深时，右手持枪紧贴右侧，左手扶壕沿，左脚踏壕沿，以左手的撑力和左脚蹬力，顺势跳入壕内。在壕内运动时，根据壕的深浅，通常采取直身或屈身前进。其要领是：右手持枪紧贴身体右侧，左手扶装具，目视前方，隐蔽地前进。运动中做到：姿势低，速度快，不断地观察敌情和前进路线，同时，防止枪托碰撞壕壁。

4. 跃进

跃进是在敌火力间隙时，迅速通过开阔地经常采用的运动方法。其要领是：跃进前，可左、右移动（滚动）以迷惑敌人，迅速收枪，屈左脚于右腿下，右手提枪，以左手、左膝、左脚的力量将身体撑起，迈出右脚，突然跃起前进。也可在收枪的同时，屈左腿于腹下，以左手、右膝和左小腿的外侧支撑身体，迈出右脚，突然跃起前进。跃进时，右手持枪，目视敌方，屈身快跑。跃进的距离、速度应根据敌火力强弱和地形情况而定。地形越开阔，敌火力越猛烈，跃进的距离应越短，速度应越快。每次跃进的距离通常为 20～40 步。

停止时，应迅速隐蔽或卧倒。卧倒时，左脚向前一大步，按左小腿的外侧、左手、左肘的顺势卧倒；或右脚向前一大步，左手撑地迅速卧倒，并做好射击准备或继续前进的准备。

5. 匍匐前进

匍匐前进是通过敌火力封锁下的较短地段或利用较低遮蔽物时采用。根据遮蔽物的高低分为低姿、高姿、侧身和高姿侧身匍匐四种。

（1）低姿匍匐前进

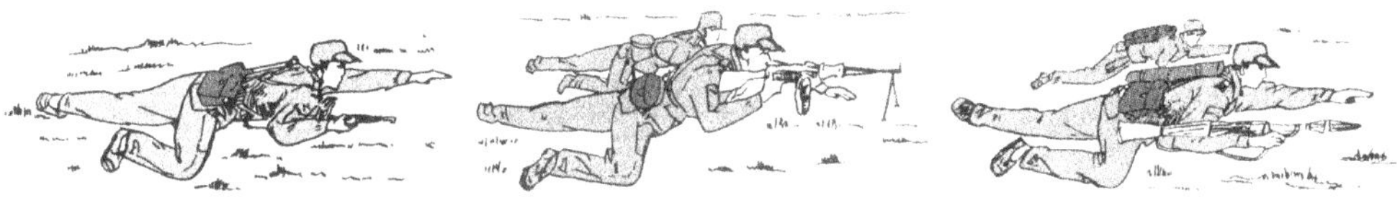

携步枪低姿匍匐　　携机枪低姿匍匐　　携火箭筒低姿匍匐

在遮蔽物高约 40 cm 时采用。其要领：右手掌心向上，枪面向右，虎口卡住机柄，余指握住背带，枪身紧贴右臂内侧；或右手虎口向上，握住背带环处，食指卡枪管，使枪置于右小臂上。前进时，屈回右腿，伸出左手，用右腿和左臂的力量使身体前移，同时屈回左腿，伸出右手，再用左腿和右臂的力量使身体继续前移，依此法交替前进。

（2）高姿匍匐前进

高姿匍匐　　侧身匍匐　　高姿侧身匍匐

在遮蔽物高约 60 cm 时采用。其要领：携枪的方法同低姿匍匐，也可两手横托握枪，枪托向右。前进时，以两小臂和两膝的内侧支撑身体前进。

（3）侧身匍匐前进

在遮蔽物高约 60 cm 时采用。其要领：则枪的同时向右转身，左小臂着地，左大臂向前倾斜，左腿弯曲，右脚靠近臀部着地，右手持枪，用左臂的支撑力和右脚的蹬力使身体前移。

(4) 高姿侧身匍匐前进

在遮蔽物高约 80～100 cm 时采用。其要领:收枪的同时屈左腿于腹下,以左手、左小腿的外侧将身体撑起,右手提枪,以左手的撑力和右脚的蹬力合身体前称。

## 四、射击训练

### (一) 武器常识

1. 军训常用枪械

(1) 手枪

手枪是一种单手发射的短枪,主要供指挥员、特种兵、警察等人员使用,口径多在 7.62～11.43 mm。手枪分非自动手枪(如转轮手枪)和自动手枪两类。目前,我国常用的有 54 式和 92 式半自动手枪。手枪在 40～50 m 内射击效果最好。但 54 式手枪弹头飞行 500 m 后仍有很强的杀伤力。手枪的战斗射速约 30 发/min。

**54 式**

**知识窗**

92 式手枪是我国首次成系统论证、成系统研制的手枪。92 式手枪的优异性能受到了各方面的关注,在福布斯评选的世界十大名手枪中,我国的 92 式 9 毫米手枪就赫然位列其中,而 5.8 毫米手枪后来居上,风头已逐渐盖过了 9 毫米手枪。

**国产 92 式 5.8 mm 和 9 mm 半自动手枪**

(2) 半自动步枪

半自动步枪是利用部分火药气体能量和弹簧伸张力自动完成退、送弹的单发发射的步兵枪械。

半自动步枪以火力、枪刺和枪托杀伤有生目标,有效射程一般为 400 m,集中火力可杀伤 500 m 以内的空降目标。半自动步枪操作简便,结构简单可靠,射击精度高,有良好的火力机动性。我国生产的半自动步枪主要有 56 式半自动步枪和七九式半自动步枪两种。曾是我军主战装备,目前在我军已退出现役,主要用于民兵或学生军训。

56 式半自动步枪是 1956 年式半自动步枪的简称(也是学生军训常用装备)。枪的口径为 7.62 mm,能自动退壳、送弹,并使击锤成待发状态;能进行单发射击。56 式半自动步枪使用 56 式普通弹,弹头在 100 m 距离上,能射穿 6 mm 厚的钢板、150 mm 厚的砖、300 mm 厚的土层和500 mm 厚的木板。

**56 式半自动步枪**

**79 式半自动步枪**

79 式半自动步枪是 1979 年式半自动狙击步枪的简称。1979 年式 7.62 mm 半自动狙击步枪是一种适合边防哨所和步兵狙击手使用的单兵武器,备有光学瞄准镜和机械瞄准具两套装置,采用半自动发射方式,机构动作可靠,具有射程远、精度高、杀伤力强等优点。主要用来杀伤 1 000 m 以内的单个目标,必要时装上可卸式刺刀可用来进行白刃格斗。

(3) 冲锋枪

冲锋枪是单兵使用的、枪身较短、比较轻便的全自动武器,战斗射速约 100 发/min。装备于步兵、伞兵、侦察兵、炮兵、摩步兵、空、海军等。冲锋枪是冲击和反冲击的突击武器,冲锋枪的基本特点可概括为:体积小,重量轻,灵活轻便,携弹量大,火力猛烈。但由于冲锋枪枪弹威力较小,有效射程较近,射击精度较差,加之步、冲合一的突击步枪的问世,从轻武器发展势头来看,除了微型、轻型、微声冲锋枪等特种枪械仍有生命力以外,常规冲锋枪将被小口径自动步枪所取代。

**七九式冲锋枪**

**85 式冲锋枪**

(4) 轻机枪

轻机枪以两脚架为依托,抵肩射击的重量较轻的机枪,由一名士兵操作,装备到步兵班,提供持续压制火力,弹匣容量 30～200 发,有效射程 500～800 m。现在与单兵自动步枪而成枪族,部分零部件可以互换,我军近年逐步换装 95 式 5.8 mm 轻机枪。

**知识窗**

95式5.8 mm轻机枪是95式班用枪族中的轻机枪，该枪采用无托式结构，自动方式为导气式，机头回转闭锁，可单、连发射击，供弹具有30发塑料弹匣和75发快装弹鼓两种，机械瞄准装置照门为觇孔式。配有降噪音、降火焰的膛口装置。其射击精度高、尺寸短、重量轻、动作可靠、使用寿命长、瞄具功能齐全、威力大、后坐力小、整体结构紧凑、布局合理、外形流畅、美观大方、握持舒适、人机工效好等特点，已具备了世界名枪所共有的标准。

95式5.8 mm轻机枪

(5) 自动步枪

自动步枪是指借助火药气体压力及弹簧的作用力完成推弹、闭锁、击发、退壳和供弹等一系列动作的连发步枪，亦称突击步枪，通俗说法就是扣住扳机不放，就能连续射击，直至枪内子弹用尽。目前我国军队基本上换装了自行研制的95式自动步枪。

**知识窗**

95式自动步枪于1989年提出研制指标要求，于1995年设计定型，命名为95式5.8 mm口径自动步枪，是中国人民解放军及武警部队大规模列装部队的小口径自动步枪。95式自动步枪可单、连发射击，具有30发塑料弹匣供弹。机械瞄准具为觇孔式照门。配有降噪音、降火焰的膛口装置。5.8 mm枪弹后坐力小，射击时持枪震动很小，单发、点射精度均达到较高水平，机构动作可靠。95式自动步枪可加挂能快速拆卸的35 mm口径榴弹发射器；配有多功能刺刀、白光瞄准镜和微光瞄准镜。

95式自动步枪



2. 枪械的主要部件

下面对军训中常用的56式半自动步枪、56式冲锋枪和81式步枪的主要部件作简单介绍。

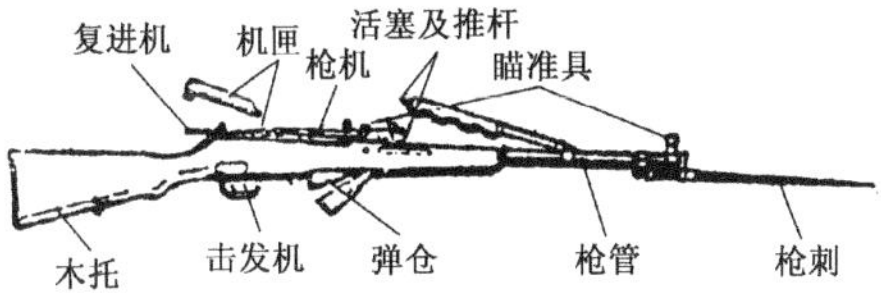


**56 式半自动步枪的大部机件**

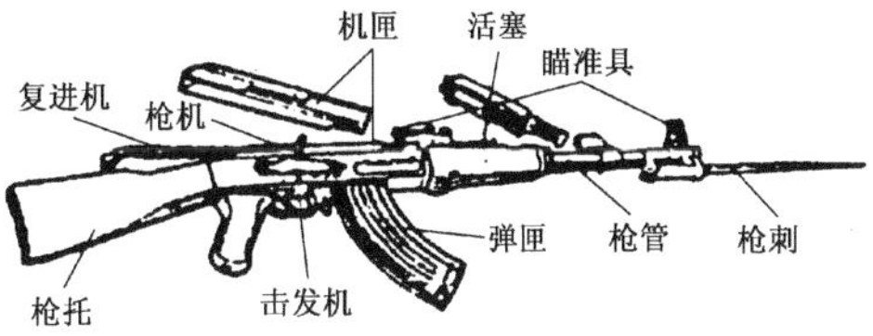


**56 式冲锋枪的大部机件**

(1) 56 式半自动步枪

半自动步枪由枪管、枪刺(刺刀)、活塞及推杆、瞄准具、机匣、复进机、枪机、弹匣、击发机、枪托组成。另有一套附品。

(2) 56 式冲锋枪

冲锋枪由枪管、枪刺(刺刀)、瞄准具、机匣、活塞、枪机、击发机、复进机、弹匣和枪托 10 大部分组成。另有一套附品。

(3) 81 式 7.62 步枪

自动步枪由枪管、刺刀、活塞、瞄准具、枪机、机匣、复进机、击发机、弹匣和枪托组成。另加有一套附品。

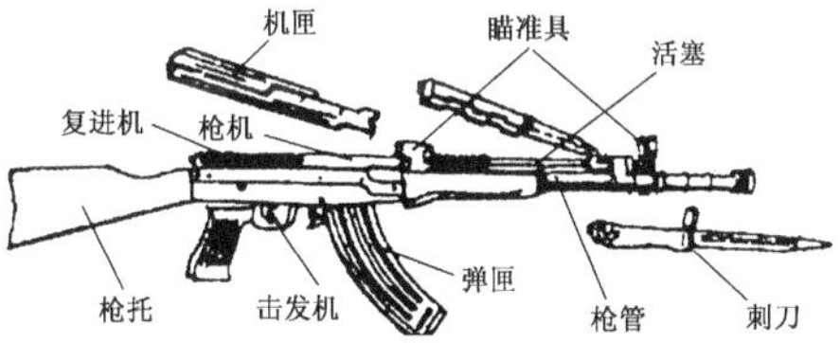


**81 式自动步枪的大部机件**

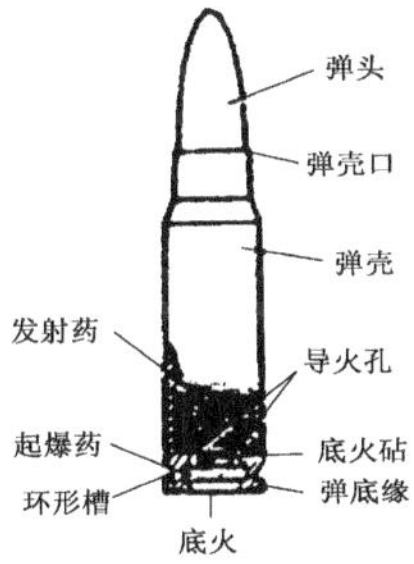


**子弹**

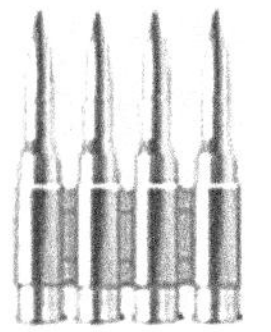

**常用机枪子弹**

3. 子弹

(1) 子弹的各部名称和用途

子弹由弹壳、弹头、底火和发射药组成。弹头,用以杀伤敌人;弹壳,用以装发射药并安装弹头和底火;底火,主要用来点燃发射药;发射药,则在燃烧后产生气体,推送弹头射出。

(2) 子弹的种类、用途和标志

普通弹 用以杀伤敌人的有生力量。

曳光弹 主要用以作信号试射和指示目标。发射后它的轨迹呈红色和绿色,清晰明了。它命中干草能燃烧起火。曳光距离可达 800 m。弹头头部呈绿色,这是它的明显标志。

燃烧弹　主要用以引燃易燃物体。弹头头部呈红色，这是它的明显标志。

穿甲燃烧弹　主要用来射击飞机和轻装甲目标，并能在穿透装甲后引燃汽油等易燃品。弹头头部呈黑色，并有一道红圈。

另外，还有空包弹、教练弹等用于训练，不具有杀伤作用的辅助弹。

**(二) 简易射击学理**

射击学理是整个射击的组成部分。射击学理的内容包括火药、膛外弹道学、膛内弹道学、弹道、瞄准、命中公算、射弹散布、射击效果等。

1. 发射与后坐

(1) 发射

火药气体压力将弹头从枪膛内推送出去的现象，叫发射。发射的过程是：撞针撞击子弹底火，使弹壳底缘内的起爆药燃烧，火焰通过导火孔引燃发射药，产生大量火药气体，在膛内形成很大的压力，迫使弹头脱离弹壳，沿膛线旋转加速前进，越来越快直至推出枪口，发射出去。

(2) 后坐

发射时，武器向后运动的现象，叫后坐。形成后坐的原因是：发射药燃烧时，产生大量的气体，在弹头脱离枪口瞬间，大量的火药气体随弹头后部从膛内向外喷出，形成了很强的反作用力，这也使武器后坐更为明显。

后坐对连发射击的命中有一定的影响。连发射击时，第一发子弹发射后，由于枪的后坐变动了原来的瞄准线，所以对第二发以后的子弹命中有一定的影响。这就要求射手据枪要领要正确，适应连发武器射击时的后坐规律，力争减小后坐对连发命中的影响，以便提高射击精度。

2. 弹道及其形成



弹头脱离枪口在空气中飞行，其重心所经过的路线叫弹道(这里指膛外弹道)。由于地球引力和空气阻力的作用，弹头在空气中飞行时，一面受到地球的引力高度逐渐下降，一面受空气的阻力越飞越慢，在两种力作用下形成了一条升弧较长、较直，降弧较短，较弯曲且不均等的弧线。

在对敌射击时，要想百发百中，关键是取决于准确熟练地装定表尺分划和选择瞄准点。

3. 选定表尺分划和瞄准点的根据

各种武器的弹道高度不一样，而每种枪的弹道高在不同的距离上，也各有差别。因此必须熟记手中武器在不同距离上的弹道高，特别是要熟记常用表尺在各种距离上的弹道高。

瞄准点的根据：一是根据目标距离；二是根据目标大小；三是根据手中武器的弹道高。

4. 外界条件对射击的影响及修正

射击时，子弹因受到气流、气温和高低角的影响会改变弹道的形状；射手在瞄准时受阳光的影响会产生瞄准误差，影响射击精度。所以要准确地命中目标，就要掌握外界条件对射击影响的规律，学会修正和克服的方法。

**（三）射击动作**

射击动作是实施瞄准射击的基础，它包括验枪、装（退）子弹、定复表尺和据枪、瞄准、击发。下面以五六式半自动步枪为例，说明射击动作。

1. 验枪

验枪是一项保证安全、预防事故的重要措施。在使用武器前、后或必要时，都必须验枪。验枪时，一定要检查弹膛、弹匣（仓、盒、鼓）和教练弹中有没有实弹。验枪时，严禁枪口对人。验枪的口令是：验枪；验枪完毕。

我们以军训用56式半自动步枪为例说明验枪过程。

验枪前射手成持枪立正站立姿势。听到“验枪”的口令后，以右脚掌为轴，身体半面成45°向右转，左脚顺势向前迈出一步（两脚约与肩同宽），同时右手将枪向前送出，左手接握下护木，左大臂紧靠左肋，枪托贴于右胯骨，枪刺尖略与眼同高，右手打开弹仓盖后移握机柄。

指挥员检查时，拉枪机向后。等指挥员验过后，自行送回枪机，关上弹仓盖，扣扳机，关保险，右手握枪颈。

听到“验枪完毕”口令后，右手移握上护木，同时左脚稍向左打，身体半面向左转，右脚靠拢左脚，恢复持枪立正姿势。

2. 装退子弹、定复表尺

装退子弹、定复表尺是射击前必须准备的工作。装退子弹有卧姿装退子弹、跪姿装退子弹、立姿装退子弹。这里仅介绍卧姿装退子弹。

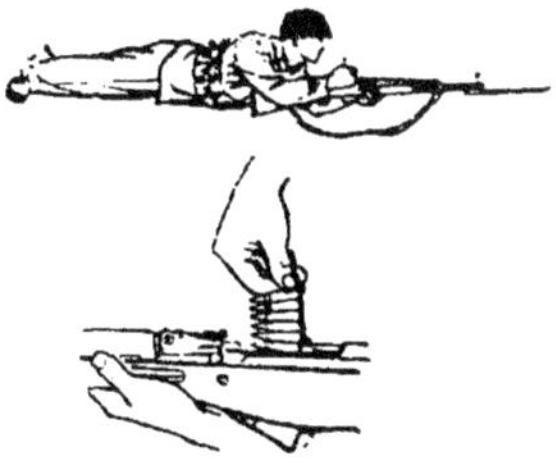

卧姿装子弹

下面以五六式半自动步枪为例，说明装退子弹和定复表尺。

口令：卧姿——装子弹；退子弹——起立。

听到“卧姿——装子弹”口令后，右手将枪提起稍向前倾，左脚向右脚尖方向迈出一大步（也可右脚顺脚尖方向迈出一大步），左手向左（右）脚尖方向伸出（掌心向下，手指稍向右），然后按左膝、左手、左肘的顺序卧倒，两腿伸直，用身体左侧、左肘支持全身，右手将枪向目标方向送出，左手接握表尺下方护木，枪托着地，枪面向上，把枪架好右手以拇指和食指拉枪机向后到定位。右手解开弹袋扣，取出一夹子弹，插入弹夹槽，用拇指将子弹压入弹仓内(如图)。单发装填时，应将第一发子弹压在左侧。取出弹夹装在弹袋内，送子弹上膛，关保险。以右手拇指和食指捏压游标卡尺，移动游标，使游标的前切面对正所需的表尺分划，右手握住枪颈，全身伏地，两脚分开大约与肩同宽，身体与射向约成30°角，枪刺离地，眼盯前方，准备射击。

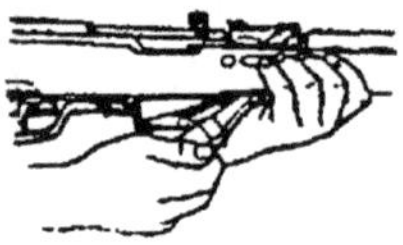

接住落下的子弹

听到“退子弹——起立”口令后，稍向左侧身，右手拇指打开弹仓盖，其余手指接住落下的子弹，然后装入弹袋；拇指拉枪机向后，食指与中指配合接住从膛内退出的子弹。送回枪机，把子弹装入弹袋内并扣好、关上弹仓盖，打开保险，扣扳机，关保险，复表尺，移握上护木，将枪收回的同时，左小臂向里合屈左腿于右腿下，用左手和两脚撑起身体，右脚向前一大步，左脚再向前一步，在右脚靠拢左脚的同时，恢复立正持枪姿势。

3. 据枪、瞄准、击发

(1) 据枪

据枪是操作枪的动作。它分为有依托据枪和无依托据枪；在姿势上分为立、跪、卧姿据枪。这里主要介绍56式半自动步枪卧姿有依托据枪的要领。

卧姿有依托据枪

卧姿无依托据枪



在训练、实战中，为得到良好的射击效果，应力求利用地物或临时构筑依托实施射击。依托物的高度应以射手的身体和当时、当地的地形地物条件而定，一般以30 cm为宜。

据枪时，将下护木放在依托物上，左手握表尺下方，手背紧靠依托物，也可将手垫在依托物上，拇指和食指捏住护木凹槽的后端，并稍向下用力，左肘稍向里合确实着地，尽量使左小臂贴在依托上，右手握枪颈，手掌肉厚的部分紧贴枪颈外侧，食指第一节靠在扳机上(食指内侧与枪之间应留有间隙)，右大臂略成垂直，与枪面保持水平，两手协力将枪托紧密而确实地抵于肩窝，头部稍向前倾，自然贴腮，使枪、身体、依托物自然协调地连成一个整体。这时，射手应当感到两肘、腹部着地确实；

枪托抵肩确实；左手与依托物相接确实。上体肌肉放松；右手腕放松。整个身体感到舒适自然。

（2）瞄准

瞄准是准确射击的前提，是整个射击过程的重要环节。

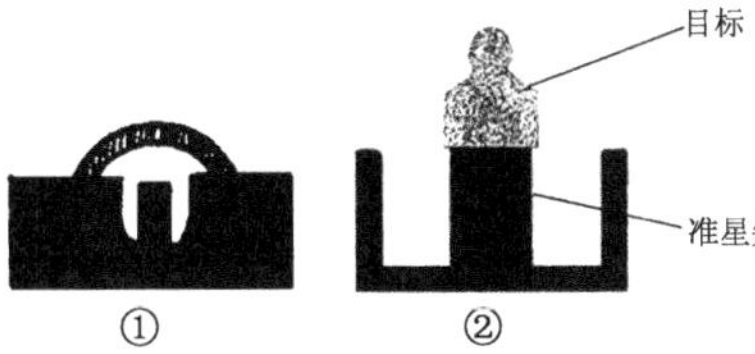


准星与缺口的关系

方法与要领：右眼通视缺口和准星，使准星尖位于缺口中央并与上沿平齐（如图中①），指向瞄准点，使缺口-准星-目标 3 点成一线，这就完成了正确瞄准。这时准星同缺口的平正关系看得比较清楚，而目标则看得比较模糊（如图中②）。

（3）击发

击发是射击的最后一个环节，正确击发是准确射击的关键。动作要领是：右手食指第一节均匀正直地向后扣压扳机，其余手指握枪的力量不变。当瞄准线接近瞄准点时，开始预压扳机，并减缓减轻呼吸，当瞄准线指向瞄准点时，短暂停止呼吸，继续增加对扳机的压力，直到击发。击发瞬间应保持正确一致的瞄准姿势。在击发的瞬间，射手应该能够看见瞄准线的指向情况。

## 第四节　地形与行军

### 一、军事地形学常识

军事地形学，是根据军事行动的需要研究和利用地形的一门学科。为什么要研究和利用地形呢？因为军队的一切战斗行动，都是在一定的地形条件下进行的，都要受地形条件的影响和制约。

学习军事地形学的主要目的在于了解识图、用图的技能和要领，初步达到行动时判定方位不迷向、到实地能对照地形选准位置、按照地图行进不走错路。首先我们先了解绘制军事地图的一些基本原理。

**（一）绘制地图的基本原理**

1. 地形：地物和地貌的总称。

2. 地物：指地球表面自然形成和人工建造的固定物体，如江河、湖泊、道路、村庄等。

3. 地貌：指地球表面高低起伏的状态，如山地、平地等。

**（二）绘制军事地图的基本要素**

地形图（以下简称地图）则是按一定的比例尺，表示地物、地貌平面位置和高程的正投影图。

完成军事地图的绘制，必须具备以下 6 个方面的基本要素。

1. 等高线

人们通过想象，将一组高差间隔相等的水平面去截割地貌，则其截口必为大小不同的闭合曲线，并随山脊、山谷的形态不同而呈现不同的弯曲形状。将这些曲线垂直投影到平面上，便形成了一圈套一圈的等高线图形。这些曲线的多少、形态与实地地貌的高程和起伏相一致，从海平面算起的高度叫高程，或称真高、海拔。两点同高程之差叫高差。

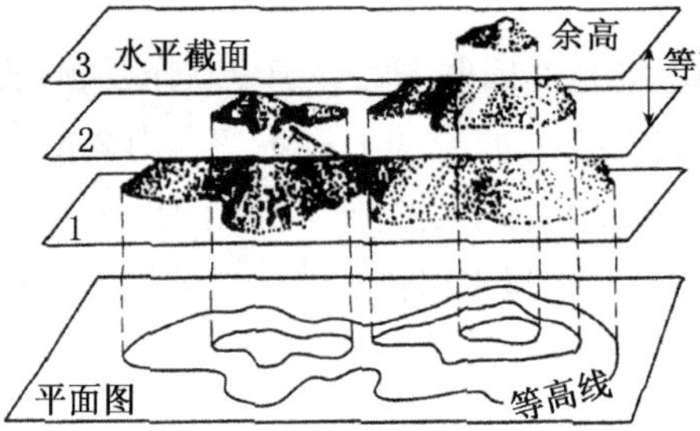


等高线显示地貌的原理

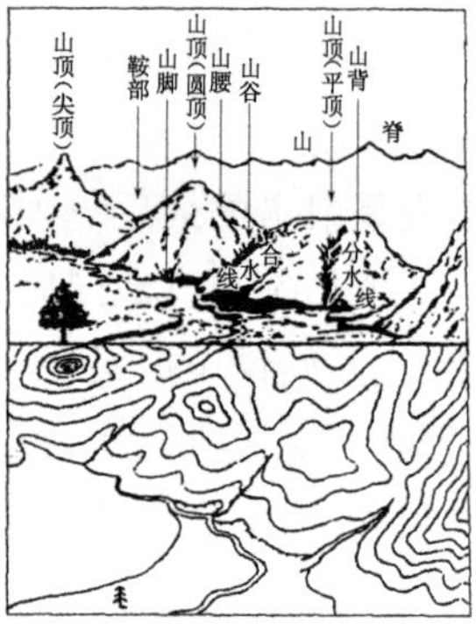


山的各部名称

2. 地图的坐标

确定某点位置的有关数值，称为该点的坐标。地图上的坐标分为地理坐标和平面直角坐标两种。



3. 地图的比例尺

图上某线段的长与相应实际水平距离之比，叫地图的比例尺。地图比例尺的大小是按比值的大小衡量的。地图比例尺越大，显示的地形越详细，精度越高，但所含地形的范围就越小；地图比例尺越小，则情况相反。

地图比例尺是在地图上量算长度和面积的依据。

4. 地物符号的规定

在地图上，地物是根据规定的符号和注记来表示的。具体又分为符号的图形规定和符号的比例规定。

有了以上的地物符号和注记，就可以识别出地物的分布、形状的大小，了解江河的宽、水深和流速，以及桥梁的长宽、载重和性质等。

5. 地物、地貌符号颜色的规定

为使地图的内容层次分明，清晰易读，便于标绘战术情况，规定地形的符号用

4 种颜色加以区分：

黑色：表示人工地物和部分自然地物，如居民地、道路、溶洞、独立地物等。

**地物符号图形对照表**

| 图形特点 | 符号名称 | | |
|---|---|---|---|
| 与平面形状相似 | 居民地<br>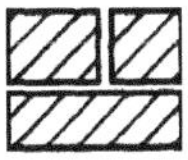 | 河流　苗圃<br>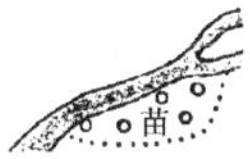 | 公路　桥梁<br> |
| 与侧面形状相似 | 突出阔叶树<br> | 烟囱<br> | 水塔<br> |
| 与有关意义相应 | 变电所<br> | 矿井<br> | 气象站<br> |

绿色：用于与植被有关的物体，如森林、果园等。

棕色：用于地貌、等高线的高程注记及公路等。

蓝色：用于与水、冰雪有关的物体，如湖泊、水渠、冰川、雪山等。

## 二、在实地怎样使用地图

学习军事地形学，是为了正确、熟练地使用地图。为此，必须掌握好判定方位、实地对照地图和按地图行进三个方面的技能和要领。

1. 判定方位

行军、作战中，必须随时判定方位，只有了解了实地的方位，才能正确地使用地图。判定方位的方法很多：利用指北针判别、利用太阳和时表判定，夜间还可用北极星判定。北极星是小熊星座尾巴上最亮的一颗星，位于正北天空，如图。

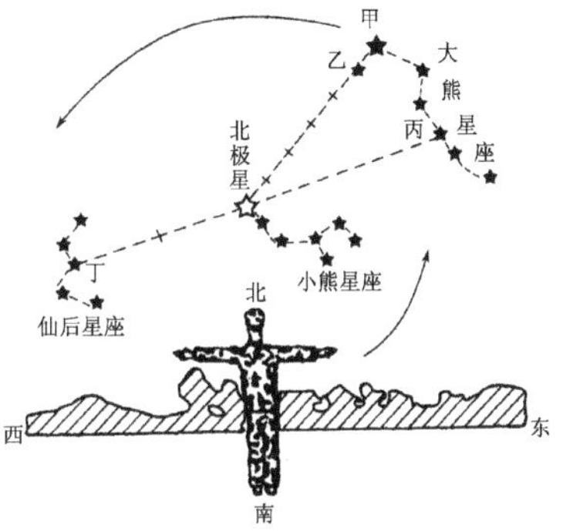


依北极星判定方位

利用地物特征也可判定方向。我国住房尤其是农村住房、较大庙宇、古塔的正门基本向南开；突出地面物体，南面干燥，北面潮湿；北方草原、沙漠中的沙垄，头部大尾部小，尾部指向东南方向，头部指向西北方向。

2. 地图与现地对照

使用地图时，应注意随时同现地进行对照，注意观察周围地形变化，以保持正确的方向和位置。其要领通常是：标定地图、确定站立点在图上的位置和对照地形。

关系位置判定法

关系位置判定法

3. 利用地图行进

军队行进的基本方法,是对照地形沿道路行进,辅助方法是按方位角越野行进。训练时,按地图行进是在完成以上各阶段的基本训练之后进行的,是识图、用图的综合性运用。无论是道路行进,还是按方位角越野行进,都必须抓好出发前的准备和途中对照检查这两个环节。

(1) 图上准备

图上准备必须认真、细致、具体,做到一标、二量、三熟记。

一标:即将行进的路线、沿途各方位物(岔路口、转弯点、居民地的进出口等),都标绘在地图上,或绘制成略图。

二量:量算行进路线上各阶段的里程,计算出行进所需的时间,并注记在图上。

三熟记:熟记行进的路线。按照行进的顺序,把每一段道路的里程,特别是对转弯处,岔路口、居民地的进出口附近的方位物及地形特征,熟记在脑子里。

(2) 行进中的要领

行进时做到方向明、路线明、和位置明。

方向明：在出发点要标定地图，对照地形，明确行进的方向，防止一开脚就走错路。

路线明：对行进的路线和里程，心中明确。

位置明：行进中，在每一个岔路口、转弯点时，都要随时对照即时的地形，明确站立点在地图上的位置，做到人在实地走，心在图上移。

## 三、行军

1. 行军

行军拉练是军训的重要组成部分，是按照预先计划和沿指定路线进行的有组织的移动，目的是为了锻炼同学们的身体、作风和意志，培养同学们的吃苦耐劳、团结协作、不畏难险、勇于克服困难和不达目的誓不罢休的精神和毅力。

部队行军拉练

行军，通常分为常行军和强行军：常行军是按照正常的每日行程和时速实施的行军，每日行程通常为 30～40 km，平均时速为 4～5 km；强行军，是加快行军速度和延长行军时间的行军。作为青少年军训一般安排 5～10 km。清晨出发，减少暑期高温时段的行走时间，通常按照先头分队、本队和收容分队的顺序进行编组。徒步行军时，成一路或数路纵队沿道路右侧或两侧行进，两队之间距离约 100 m。行军途中应适时组织休息，通常每 1～2 小时休息一次，时间为 10～20 分钟。休息时人员及车辆应靠道路右边，保持原队形；在完成当日行程半数后进行较长时间休息，时间约 1～2 小时。休息时，应抓紧时间用餐，并派出警戒，防止丢失物品。夜间休息时，人员不准随意离队，装备物品随身携带，出发前清点人数，检查装备物品。

2. 宿营

野外宿营地

宿营，是离开营房或学校常驻宿舍后的临时住宿，目的是为了得到休息和整顿。通常可采取露宿、舍宿或两者相结合的方法宿营。选择宿营地域时，应按照小集中、大间隔的要求，选择那些便于疏散配置、有进出道路便于机动和调整队形、有充足水源和较好的卫生条件的地区。

宿营前，应派出设营组。设营组通常由指定人员率各班、队代表组成，负责到现场去区分各班、队宿营位置，选择指挥部和停车场位置；调查当地社情、疫情、水源和水质等情况，分配水源，组织警戒，引导自己的班、队进入。队伍到达宿营地域时，应在设营人员引导下进入指定宿营位置，并根据上级领导的指示，派出警戒，指定值班员，明确集合场所，督促人员按时休息，并为次日继续行军做好准备；同时，还应向上级领导报告宿营情况。如在野外宿营，帐篷四周要挖排水沟，并均匀撒上防蛇虫药物。离开宿营地域时，应清点人员、装备物品，打扫卫生，掩埋垃圾，并归还向当地群众借用的物品。

## 第五节　人民防空常识

我国的防空体系是由要地防空、野战防空和人民防空组成。人民防空是国防的重要组成部分，是动员和组织人民群众防范空袭与灾害，消除空袭后果所采取的措施和行动，简称人防。世界上大多数国家把民众参与实施的战时防空与平时救灾相结合，称为民防。

1996 年 10 月 29 日，第八届全国人民代表大会第二十二次会议通过了《中华人民共和国人民防空法》，并于 1997 年 1 月 1 日起施行。这标志着我国人民防空事业已纳入法制化轨道，进入了一个崭新的发展时期。

### 一、人民防空的地位和作用

人民防空是国防的重要组成部分，是现代城市建设的重要内容，是一项全民的社会公益事业。



国务院、中央军委领导全国的人民防空工作。县级以上地方各级人民政府和同级军事机关领导本行政区域内的人民防空工作。

人民防空的作用不仅仅是在战时，而且在平时也得到充分的体现。人民防空的设施、设备，如工程、通信警报网络等，除保密部分外，都可以开发利用，为国家经济建设、城市建设、群众的生产生活服务。人民防空专业队伍平时坚持岗位练兵，在发生自然灾害及各种事故时，可以投入抢险抢修，抗灾救灾，为减轻灾害损失发挥重要作用。公民通过接受人民防空教育，掌握基本的防护知识和技能，以及在特殊情况下的救生技能，在平时遇到突发灾害或事故时，就能有序地进行自救互救，保护自己，减少伤亡。

### 二、人民防空的任务

《中华人民共和国人民防空法》规定，人民防空的任务是："国家根据国防需要，动员和组织群众采取防护措施，防范和减轻空袭危害。”具体可区分为平时任务和战时任务。

1. 平时的主要任务

一是建立健全人民防空组织指挥体系；二是组织防护工程和疏散体系建设；三是组织重要经济目标防护建设；四是建立健全通信警报系统；五是组建和训练人民防空专业队伍；六是制定有关人民防空法规和规章制度；七是组织人民防空教育和训练；八是开展人民防空科研，培养人民防空专业人才；九是管理人民防空经费和国有资产；十是防范和减轻灾害事故危害。

2. 战时的主要任务

战时任务可以用“走、藏、消”来概括。

“走”即组织人员、装备及物资进行疏散。人民防空疏散必须根据国家发布的命令实施，任何组织不得擅自行动。疏散分早期疏散、临战疏散、紧急疏散。早期疏散是刚有战争征候时的疏散；临战疏散是战争即将爆发时的疏散；紧急疏散，通常指首次空袭前 24 小时内，或在空袭的间隙中实施的疏散隐蔽行动。

“藏”即留城人员、物资、设备进入防空工事。

“消”即是消除敌人空袭造成的后果，把空袭造成的危害减轻到最低程度，恢复城市社会秩序和居民的正常生活。

## 三、组织与个人在人民防空中的权利和义务

《中华人民共和国人民防空法》第八条规定：一切组织和个人都有得到人民防空保护的权利，都必须依法履行人民防空的义务。

一切组织和个人都有得到人民防空保护的权利，如：防空袭疏散、掩蔽，医疗救护和救助，生活必需品的供给，接受人民防空知识教育和技能训练等权利。

一切组织和个人都必须依法履行的人民防空的义务。如：参加人民防空建设，负担人民防空费用，执行人民防空勤务，保护人民防空设施，参加群众防空组织，接受人民防空教育、训练，开展相互救助等。



## 四、空袭时的防护

防空警报可分为：预告警报、突袭警报、解除警报 3 种。它们的警报音响特征为：预先警报鸣 36 秒，停 24 秒，重复 3 次为 1 个周期，时间 3 分钟；空袭警报鸣 6 秒，停 6 秒，重复 15 次为 1 个周期，时间 3 分钟；解除警报连续长鸣 3 分钟。

1. 城市居民必须掌握空袭时的防护知识

现代战争突袭手段多样，主要的突袭方式为精确制导武器，如巡航导弹、激光

制导炸弹等。它们空袭时的预警时间很短，甚至来不及发出空袭警报，居民要有足够的心理准备。居民在防空训练中要把闪光当成附近发生爆炸的信号，闪光越亮，表明炸点越近，此时应立即进行防护。

2. 城市居民可迅速前往相对安全的地方隐蔽

由于现代高技术空袭主要是精确打击重要军事、政治、经济目标，所以下列场所是相对比较安全的地方：

（1）寺庙、教堂、医院、学校、农场、公园、普通居民区等；

（2）重要目标 500 m 以外的地方，包括郊区、乡村、山区及次生灾害不可能危机的上风、上水方向。必须远离煤气站、贮油罐及危险品仓库等地方；

（3）人防掩蔽工程和疏散地域内。

### 五、战时居民须采取的防空行动

城市转入战时紧急状态后，居民须采取以下防空行动：

（1）了解可能遭袭目标和可供隐蔽的人防工程以及空旷地域的位置，以便按照人防的要求和安排进行隐蔽疏散。

（2）明确每个家庭成员的人防社会职责，熟悉“人民防空须知”和“战时城市管理规定”；积极参加社区人防组织，知道本社区和工作单位的人防负责人。

（3）做好应急行动准备，包括个人应急背包，每天的行动安排，家人的应急分工计划等。关心人防信息，注意人防警报。

（4）随时加固掩蔽工事，参加隐蔽演练，熟悉紧急疏散路线和疏散程序，练习个人防护和自救互救、报警呼救及灭火、堵漏的一般方法。

（5）重视存储应急干粮和饮用水。



（6）关心社区周围的人员变化，协助做好战时治安和主要目标地域的安全工作。

## 第六节　战伤救护

战伤救护，是在战斗现场对负伤人员实施的急救、隐蔽、集中和搬运等救护措施的总称。战斗现场抢救是战伤分级救治的起点和重要环节，必须十分重视战伤的处理，应分清轻、重、急、缓，应遵循急救的整体原则：以抢救生命为第一，以恢复功能为第二，以最大限度的保存组织结构的完整性为第三，并做到快抢、快救、快转运，为后续确定性治疗创造条件。战伤救护常用的技术主要有止血、通气、包扎、固定、搬运。

对及时抢救伤员、防止伤情加重、挽救伤员生命等均具有重要意义。

## 一、止血

战伤出血，是导致伤员休克或死亡的重要原因，在救护过程中，必须迅速、准确地进行止血，才能有效地抢救伤员。

1. 指压止血法

根据动脉血管走行位置，在伤口的近心端，用手指将动脉压在临近的骨面上而止血；也可用无菌纱布直接压于伤口而止血。然后再更换加压包扎法，或用止血带进行止血。

指压止血法

2. 止血带止血法

先在出血处的近心端用纱布垫或衣服、毛巾等物垫好，然后再扎橡皮止血带。用左手(或右手)拇、食、中指夹持止血带头端，将尾端绕肢体一圈后压住止血带头端和手指；再绕肢体一圈，用左手食、中指夹住尾端，抽出手指系成一活结。

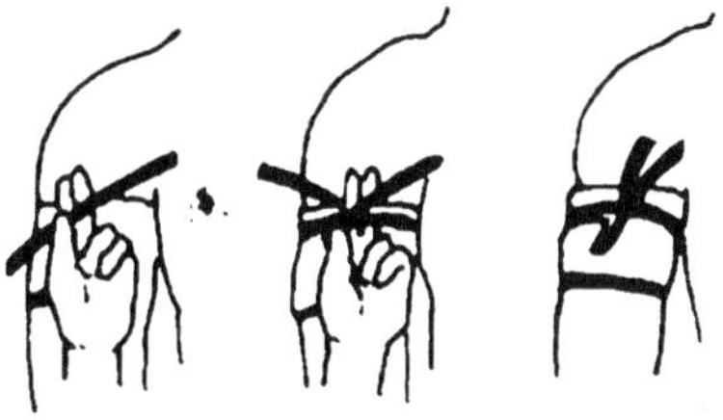

止血带止血法

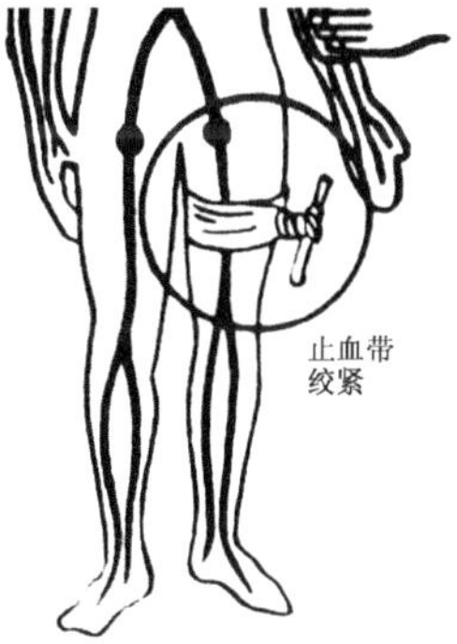


无制式止血带止血法

3. 无制式止血带止血法

可用三角巾、绷带、手帕等就便材料，折叠成带状，缠绕在伤口近心端(仍需加垫)，并在动脉走行的背侧打结；然后用小木棒、笔杆、枪通条等插入绞紧，直至不再出血为止。其步骤是：一提，二绞，三固定。

## 二、通气

伤员的口、鼻、咽喉或气管，易被泥土、血块、呕吐物或昏迷后舌后坠，均会造成呼吸道阻塞，伤员在数分钟内就会因窒息、缺氧而死亡，必须分秒必争地除去各种阻塞因素，使气道通畅。常见的通气术有手指掏出术、托下颌角术。

1. 手指掏出术

适用于口腔内气道阻塞，多为面颌部伤。急救者用手指伸入口腔内将碎骨片、碎组织片、血凝块、泥土、分泌物等掏出。

2. 托下颌角术

适用于颅脑损伤或火器伤后舌根后坠、深度昏迷而窒息者。急救时将伤员取仰卧位，急救者用双手托起伤员两侧下颌角，即可解除呼吸道阻塞。呼吸通畅后改俯卧位。

## 三、包扎

包扎有止血、保护伤口、防止感染、扶托伤肢，以及固定敷料、夹板等作用。

1. 头面部包扎法

将三角巾底边折叠约 2 指宽，放于前额眉上。顶角拉至枕后，左右两底角沿两耳上方往后，拉至枕外隆凸下方交叉，并压紧顶角；然后再绕至前额打结。顶角拉紧，并向上反折，将角塞进两底角交叉处。

三角巾包扎头部



2. 胸(背)部包扎法

胸(背)部一般包扎法：三角巾底边横放在胸部，顶角从伤侧越过肩上折向背部；三角巾的中部盖在胸部的伤处，两底角拉向背部打结。顶角结带也和这两底角结打在一起。

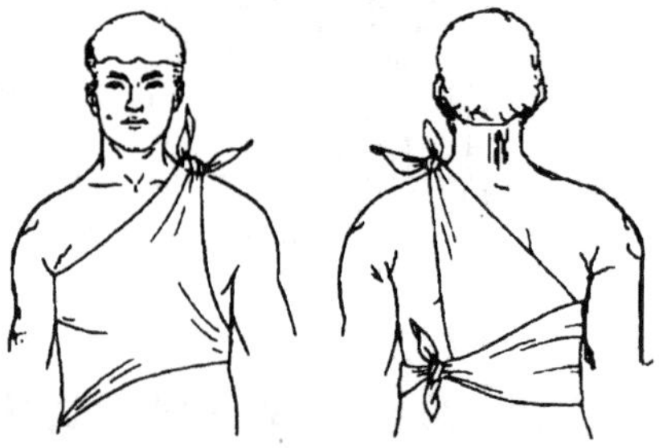

三角巾包扎胸(背)部

3. 腹部包扎法

将三角巾顶角朝下，底边横放于上腹部，两底角拉紧于腰部打结；顶角结一小带，经会阴拉至后面，同两底角的余头打结。

4. 四肢包扎法

将三角巾底边向上横置于腕部或踝部，手掌(足跖)向下，放于三角巾的中央，再将顶角折回盖在手背(足背)上，然后将两底角交叉压住顶角，再于腕部(踝部)缠绕一周打结。打结后，应将顶角再折回打在结内。

## 四、固定

1. 锁骨骨折固定法

取木板两块，制作成"T"字形，夹板加垫，用绷带缠好；然后放在伤员背部用三角巾或绷带固定。

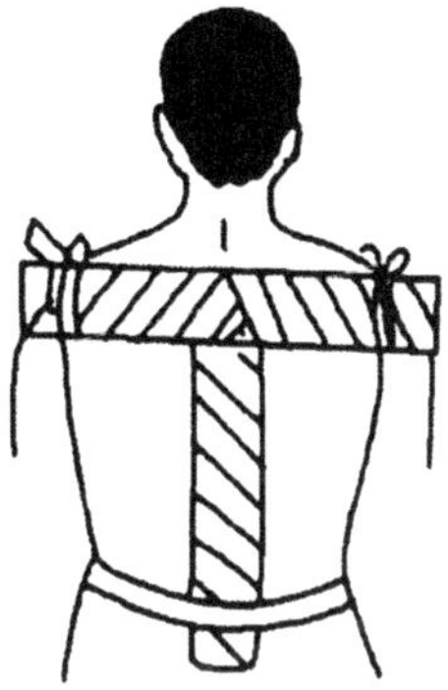
锁骨骨折固定法

2. 四肢骨折固定法

上肢固定时，肘关节屈曲90度，前臂用腰带或三角巾悬吊于胸前，必要时，再以绷带将上肢固定于躯干上以加强固定；下肢固定时，用一块长木板，其长度必须上至腋下，下至足跟的健肢上，亦可用枪支、木棍等或未受伤的健肢代替夹板进行固定。

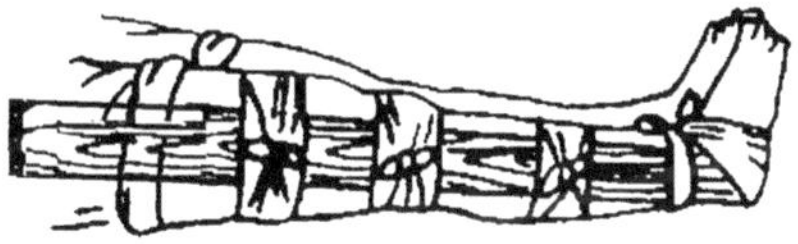
小腿骨折固定法

肱骨骨折固定法

## 五、搬运

1. 匍匐背驮搬运法

救护者同向侧卧于伤员处并紧靠伤员身体，拉紧伤员上臂后再抓住伤员臀部，合力猛翻将伤员转上身，低姿匍匐向前进。

2. 侧身匍匐搬运法救护者将伤员腰部垫在大腿上，将伤员两手放于胸前，右手穿过伤员腋下抱胸，左肘撑于地面，蹬足向前。

# 第七节　第一套军体拳

军体拳是由踢、打、摔、拿、拧等格斗的基本动作组成，通过军体拳的训练，能增强体质、防身自卫、克敌制胜，能培养我们坚韧不拔、勇敢顽强的战斗作风。

经总参军训部批准，1989 已列入中国人民解放军《体育训练》教材，在全军推广的军体拳共有三套。第一、第二套各有 16 个动作，第三套有 32 个动作。我们这次军训练习第一套军体拳。

## 一、第一套军体拳的特点

第一套军体拳主要特点是由格斗的基本功和基本动作组合而成的套路练习，它动作精练，有技击含义，适用；有一定锻炼价值和防身自卫作用。

军体拳手型主要有三种，即拳：主要用于击打和砸；掌：主要用于推、砍、劈、抽打等；勾手：主要用于打、勾。

## 二、军体拳的常用步型

军体拳步型有马步、弓步、虚步、仆步、歇步等。

马步

弓步

虚步

仆步

歇步

## 三、第一套军体拳动作要领及图解

预备姿势：当听到“军体拳第一套，预备”的口令后，在立正基础上（图 1），身体稍向左转，同时右脚向右后撤一步，两脚略成“八字形”屈膝，体重大部落于右脚。两手握拳，前后拉开，左肘微屈，拳与肩同高，拳眼向内上，右拳置于小腹前约 10

cm 处，拳眼向上，自然挺胸，收腹，目视前方（图 2）。

图 1

图 2

**（一）第一段**

1. 弓步冲拳

右拳从腰间猛力向前旋转冲出，拳心向下，同时左拳收于腰间，成左弓步（图 3）。用途：击面、胸或腹部。

图 3

图 4

2. 穿喉弹踢

左拳变掌向前上猛插，掌心向上。右拳收于腰间，同时抬右腿，大腿略平，屈膝，脚尖向下绷直，猛力向前弹踢，并迅速收回（图 4）。用途：掌穿喉，弹裆或小腹部。

3. 马步横打

右脚向前落地成右弓步，同时左手前伸变八字掌，右拳自然后摆左转身成马步的同时，左手抓拉收于腰间，右拳向前猛力横击，臂微屈，拳与肩同高，拳心向下（图 5）。用途：击头或腰部。

图 5

4. 内拨下勾

右转身成右弓步，同时右臂内拨后摆，左拳后摆并由后向前上方猛击，拳与下颌同高，拳心向里，左脚自然向左移动（图 6）。用途：击下颌，腹部或裆部。

图 6

5. 交错侧踹

右转身，右脚尖外摆，左大腿抬平，屈膝、脚尖里勾，两臂在胸前交错（图 7），左脚向左侧猛踹，并迅速收回，同时两臂上下外格，屈右肘，拳与头同高，拳眼向后。左臂自然后摆，拳心向后（图 8）。用途：踹膝关节或肋部。

6. 外格横勾

左脚向前落地，左转身成左弓步，同时左臂上挡、外格，后摆。右拳以扭腰送胯之合力由后向前猛力横击，合力由后向前猛力横击，拳与鼻同高，拳心向下（图 8）。

用途：击头、面部。

图 7　　图 8　　图 9



7. 反击勾踢

左脚尖外摆，起右脚，脚尖里勾，两手在胸前交错。右脚由后向左猛力勾踢，同时两臂猛力外格，左臂屈肘，拳与头同高，拳眼向后，右臂自然后摆，拳心向下（图 9）。用途：勾踢脚跟或脚腕部

8. 转身别臂

右转身，右脚尖外摆并猛力下踏（图 10①）：左脚成左弓步，同时右手向前上挑，左手抓握，右小臂（图 10②），右后转体成右弓步的同时右拳变掌屈肘下压，掌心向下，两小臂略平置刁：腹前（图 10③）。用途：别臂压肘。

图 10

**（二）第二段**

1. 虚步砍肋

图 11

收右脚成右虚步，同时两手变掌，由外稍向里猛砍，大臂夹紧，小臂略平，掌心向上，两掌距离约 20 cm(图 11)。用途：砍肋、腰部。

2. 踢裆顶肘

两掌变拳收于腰间，拳心向上，同时抬右腿屈膝，脚尖向下绷直，猛力向前弹踢并迅速收回(图 12①)右脚落地成左弓步。同时右臂屈肘，左手抓握右拳置于左胸前，两手合力将右肘向前推顶，右大小臂夹紧略平，拳心向下，成右弓步(图 12②③)。用途：脚踢裆、腹部、肘顶心窝、头部

① ② ③

图 12

3. 反弹侧击

右拳向前反弹，拳心向内上(图 13①)，左掌沿右臂下向前猛挑成立掌(图 13②)；左转身成马步，同时左手抓拉变拳收于腰间，右拳向右侧冲出，拳眼向上，拳与肩同高，目视右拳(图 13③)。

用途：反弹面部，左手挑掌解脱，右拳击肋或腹部。

① ②

图 13

4. 弓步靠掌

上体左移，体重大部落于左腿，两拳变掌交叉于裆前，右脚微收成后虚步(图 14①)。右转身，起右脚猛力下踏的同时，起左脚自然屈膝，两掌上下反拨，放于右肋前，掌心向前(图 14②)，左脚向前落地成左弓步。同时两掌合力向前推出，左手

在上，右手在下，掌心向前，两手腕自然靠拢；目视前方(图 14③)。用途:推胯，肋，将对方摔倒。

①　　②　　③

图 14

5. 上步砸肘

右脚向前上步成右弓步的同时，右拳后摆，左手成抓拉姿势，虎口向右(图 15①)。左转身成左弓步的同时，左手抓拉收于腰间，挥动右臂屈肘向左下猛砸，大臂夹紧，小臂略平，拳心向上(图 15②)。用途:砸、压肘关节。

①　　②

图 15

6. 仆步撩裆

屈左膝，右腿伸直，右拳变立掌置于左胸前，左拳抱于腰间，上体前倾成左仆步(图 16①)。右手变勾，经右脚面(图 16②)向后搂，手外拨后摆，转身成右弓步，同时左手变掌由后向前猛撩，掌心向上，目视前方(图 16③)。用途:勾手搂腿，撩掌打裆。

①　　②　　③

图 16

7. 挡击绊腿

左脚向前上步(图 17①)，左手变拳上挡护头，拳高于头，拳眼向下；，身体稍下蹲(图 17②)，右脚前扫，左拳变掌前推同时右拳收于腰间，拳心向上(图 17③)。右腿后绊成左步，同时右拳变掌下按，掌心向下，虎口向里，同时左掌变拳收于腰间(图 17④)。用途:击裆、腹部、推胸绊腿。

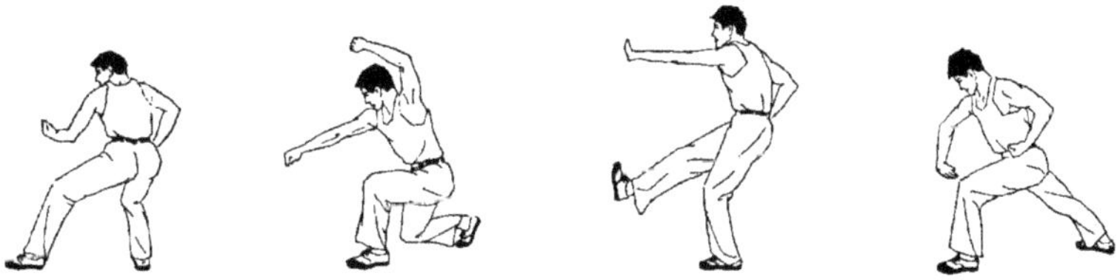

①　②　③　④

图 17

8. 击腰锁喉

右掌变拳屈臂上挡外格（图 18①），右脚向前上步，同时左拳向前猛力冲出，拳心向下（图 18②）。右拳变掌前插，左手抓握右手腕的同时，右掌变拳，两手合力回拉下压。右肩前顶，成右弓步，目视前下方（图 18③④）。用途：由后击腰锁喉。

①　②　③　④

图 18

图 19

结束姿势：左转身，右脚靠拢左脚，成立正姿势（图 19）。

# 第四章　军事思想

"军事思想是关于战争和军队问题的理性认识，通常表现为国防与军队建设、战争准备与实施的指导理论和基本原则。"军事思想研究的问题通常包括：战争观、战争军事问题的方法论、军队建设思想、作战指导思想和原则、国防建设思想等基本内容。军事思想按时代划分，有古代军事思想、近代军事思想和现代军事思想；按阶级性质划分，有资产阶级军事思想和无产阶级军事思想等；按人物划分，有孙武的军事思想、克劳塞维茨的军事思想、拿破仑的军事思想、毛泽东军事思想等。无论如何划分，任何军事思想都是以战争和军事为研究对象，以一定的世界观和方法论为指导，反映一定时代、阶级、国家和人物对战争性质、战争准备与实施等问题的基本观点。

军事思想的内容主要分为两个层次：一是军事哲学问题，主要内容有战争观、军事问题的认识论和方法论；二是军事实践基本指导原则问题，主要内容有战争指导的基本方针和原则、军队建设的基本方针和原则、国防建设的基本方针和原则等。

## 第一节　古代军事思想

战争是国家、民族、阶级和政治集团之间为了达成一定的政治、经济目的而进行的武装斗争。战争起源于原始社会，最早的战争是部落之间为争取生存条件或血缘复仇而进行的暴力行动，随着暴力升级及社会发展，人类进入奴隶社会。在实践中总结、归纳出的战争理论及建军、治军理论，逐渐形成军事思想体系，也就是最早的军事思想作为独立的意识形态登上历史舞台。古代军事思想包括奴隶社会和封建社会两个时期的军事思想。在世界古代军事历史上，中国最早创立了较为系统的军事思想，从先秦到清代前期，先后有 2 300 多部军事书籍问世。其他古代文明发源地，如埃及、波斯、希腊、古罗马等，在古代军事思想史上也都占有重要地位，但留下的文字记载甚少。同中国相比，古希腊、古罗马等国的古代军事思想，主要的不是体现在军事理论著作上，而是散见于军事历史著作中。至于其他古代军事思想成果，很少有史料记载。



### 一、中国古代军事思想

在 5 000 多年的中华文明史中，军事思想和军事理论占有极其重要的地位。

它的形成和发展大体上经历了产生、发展和成熟的变革过程。

从公元前 21 世纪至公元前 3 世纪初，中国经历了夏、商、西周、春秋、战国 5 个奴隶社会时期，也是中国古代军事思想的产生、发展的时期。公元前 21 世纪，夏朝的建立标志着第一个奴隶制国家的产生，私有制的确立，随之产生了阶级、国家、军队，战争成为统治阶层为了争取更大利益的主要手段。通过战争实践，产生了“攻”“守”“战术”“统帅”等军事概念，军事思想已处于萌芽状态。约从公元前 8 世纪初到公元前 3 世纪，即春秋战国时期，是中国古代军事思想蓬勃发展时期。春秋战国时期，是中国历史上的大变革时代。在由奴隶制向封建制过渡的社会大动荡、大变革中，各诸侯国都大力发展军事力量，以图在诸雄中称霸。因此这一时期，战争频繁爆发，战争规模不断扩大，战争激烈程度也大大提高。这一时期，军队的组织制度初步完善，改变了车兵为主的体制，相继出现了步兵、舟师和骑兵等兵种，军队数量多者已达近百万。这一时期，学术思想异常活跃，出现了百家争鸣的局面。各个学派从各自的立场出发，研究军事问题，相互切磋，相互补充，促进了军事思想的快速发展。这一时期最有代表性的就是春秋末期吴国孙武所著的《孙子兵法》，它的军事思想达到了当时的最高水平，标志着封建地主阶级的军事思想已趋于成熟。中国历史上著名的武学丛书——《武经七书》中，有 5 部兵书，即《孙子》《吴子》《司马法》《尉缭子》《六韬》都问世于这个时期，是我国军事思想史上的第一个高峰，它确定了中国封建社会军事思想的基础，成为后世军事家们遵循、效法和研究的对象。

## 知识窗

《孙子兵法》又称《孙武兵法》产生于春秋末期，是中国古代最著名的兵书，列《武经七书》之首。目前被世界公认为最早的“兵学圣典”。《孙子兵法》13 篇，共 6 100 余字，篇次有序，立论有体，就其内容而言，是一部独立完整的兵书。它总结了春秋及其以前的战争经验，具有深刻的谋略思想，在一定程度上反映了战争的一般规律：阐示了以“道”为首的战争制胜条件；揭示了“知彼知己”的战争认识方法；提出了以“致人而不致于人”为核心的一系列作战原则；反映了战争问题上的朴素唯物论和辩证法。

孙武画像

作者为春秋时期吴国的将军孙武。孙武（公元前 535—前 480 年），字长卿，被后世尊为“兵圣”“世界兵学鼻祖”，著有竹书《孙子兵法》13 篇等。

从公元前 3 世纪初至公元 10 世纪中叶，中国主要经历了秦、汉、晋、隋、唐等主要封建王朝。这是中国封建社会的上升时期，也是中国古代军事思想的发展提高时期。这个时期军事技术有新的进步，铁兵器种类增多，军队装备有较大改进，各朝军制多有所变革，武装力量体制基本成型，大致由中央军、地方军和边防军三大部分组成，集权于皇帝。这一时期军事思想在继承先秦传统的基础上，侧重于实际运用，内容更加丰富，水平进一步提高。各朝代对军事斗争经验的总结，推动了军事思想的进步，流传下来的主要军事著作有《三略》《将苑》《李卫公问对》《太白阴经》等。其中《三略》和《李卫公问对》被后世列入将领必读的兵书，选入《武经七书》之中。

从公元960年到1840年，中国历经了宋、元、明、清（前期）四个王朝，这是中国封建社会的后期，也是中国古代军事思想系统完善成熟时期。这个时期民族矛盾、阶级矛盾十分尖锐，战争频繁，经历中国历史上又一次民族大融合。中国政治、经济和科技在新的历史条件下有了较大的发展，推动军事理论与军事科技不断进步，战争由冷兵器时代向火器时代过渡。宋、元、明时期出现了春秋战国以后我国兵学发展的第二个高潮，武学开始纳入国家教育体系，推行武举制度。宋神宗时，将《孙子》《吴子》《司马法》《尉缭子》《六韬》《三略》和《李卫公问对》——《武经七书》，官定为武学教材，其目的是兴武备、建武学、选武举。军事思想的研究向专业化发展，产生了第一部军制史专著《历代兵制》；第一部名将传记《百将传》；第一部军事地理学专著《读史方舆纪要》；第一部城邑防守专著《守城录》。编纂了大量大型综合性军事类书和汇编，如《武经总要》《虎钤经》《纪将新书》《登坛必究》等。茅元仪编撰的我国古代“军事百科全书”——《武备志》，全书240卷，约200万字。这些兵书，充实完善了我国古代军事思想的体系，指导了当时的军队建设和军事斗争。

**知识窗**

《李卫公问对》，又称《唐太宗李卫公问对》以唐太宗李世民和卫国公李靖关于军事问题的问答形式编成，作者不确定，现在一般认为此书是熟悉唐太宗、李靖的思想的人根据他们的言论所编写的，系唐太宗李世民与卫国公李靖多次谈兵的言论辑录。涉及的内容较为广泛，包括军制、阵法、训练、边防诸问题，但主要讨论作战指挥。清代纪昀《四库全书总目提要》说：“其书分别奇正，指画攻守，亦易主客，于兵家微言，时有所得”。

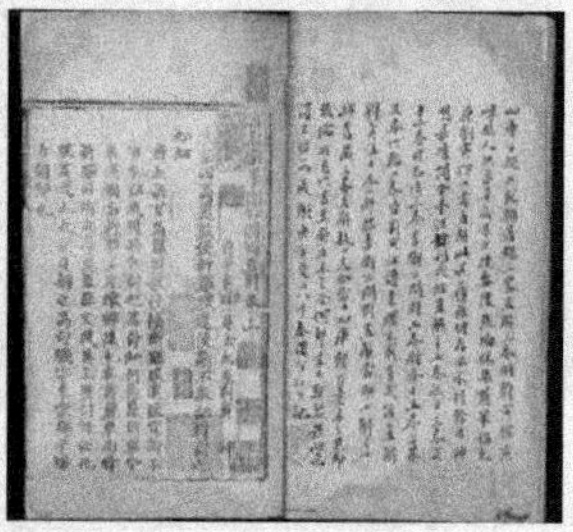

《李卫公问对》



## 二、外国古代军事思想

世界其他国家的古代军事思想，特别是古希腊、古罗马军事思想在这一时期获得显著发展。从史书记载的古希腊底比斯军事统帅埃帕米农达、马其顿国王亚历山大三世，迦太基军事统帅汉尼拔，古罗马军事改革家马略、奴隶起义军领袖斯巴达克等人的军事实践活动和这一时期的代表性军事著作都可反映出古代欧洲一些国家的军事思想。如古希腊的哲学家柏拉图和亚里士多德曾试图解释战争的起源问题。史学家希罗多德、修昔底德和色诺芬等，分别著有《希腊波斯战史》《伯罗奔尼撒战争史》《希腊史》和《希腊远征波斯记》。至公元1世纪，开始出现带有较强理论色彩的军事著作。如古罗马 S.J. 弗龙蒂努斯的《谋略》以及后来韦格蒂乌斯的《论军事》等。但随后长达千年的中世纪，欧洲军事思想发展较为缓慢，其军事理论著作很少。主要有拜占庭帝国的《战略》，稍后有里欧的《战术》。意大利文艺复兴时期，马基雅维利的《战争艺术》等著作，在欧洲军事学术史上起了承前启后的作用。

## 第二节　近代军事思想

近代军事思想发展的总体特征，一是欧洲一些国家在文艺复兴运动和产业革命的推动下率先实行军事思想的变革，；二是中国的封建统治逐渐走到尽头，资本主义理论被广大有识之士所接受，对政治体制和军事体制产生了重大影响。

### 一、西方近代军事思想

世界近代史是资本主义形成与上升、无产阶级作为独立的政治力量开始登上历史舞台的时代。在资产阶级军事思想体系得到确立的同时，以马克思主义军事理论为代表的无产阶级军事思想宣告诞生。

1. 近代西方资产阶级军事思想

近代西方随着经济、科技的发展，资产阶级巩固了自身的政治地位，战争形式发生了很大改变，但军事思想变革的成果，却集中产生于18世纪末到19世纪前期的拿破仑战争艺术，以及克劳塞维茨所著《战争论》和约米尼所著《战争艺术概论》这两部军事理论名著之中。这两部著作均在总结拿破仑一世创立的使用广大民众力量进行作战的崭新作战体系。标志着欧洲和世界近代资产阶级军事思想体系的确立。其中，克劳塞维茨的《战争论》是外国军事思想的杰出代表，被誉为西方的《孙子兵法》。著名的军事家如拿破仑、库图佐夫等虽然没有对各自的战争生涯和战争艺术进行总结和论述，但他们丰富的军事实践，为近代西方军事思想的形成提供了丰富的实战经验和理论依据。



**知识窗**

《战争论》是克劳塞维茨在总结以往战争特别是拿破仑战例的基础上写成的，全书共3卷8篇124章；另有说明、作者自序，及作者在1810年至1812年为普鲁士王太子讲授军事课的材料、关于军队的有机区分、战术或战术学讲授计划和提纲等附录，约70余万字。第一篇，论战争的性质；第二篇，论战争理论；第三篇，战略概论；第四篇，战斗；第五篇，军队；第六篇，防御；第七篇，进攻（草稿）；第八篇，战争计划（草稿）。

作者卡尔·菲利普·戈特弗里德·冯·克劳塞维茨（1780—1831），德国军事理论家和军事历史学家。他主张联合俄国抗击拿破仑，1812 年来到俄国军中参加抵抗拿破仑的战争，1818 年出任柏林军官学校校长并晋升为将军。克劳塞维茨研究了 1566—1815 年期间的 130 多次战争和征战，留下的遗著达十卷，《战争论》是其前三卷。

2. 近代西方无产阶级军事思想

在 19 世纪中后期，为适应当时工人运动发展的需要和迎接行将到来的无产阶级武装革命，马克思和恩格斯运用辩证唯物主义和历史唯物主义，首次正确揭示了战争和军队同社会生产方式之间的内在联系，阐明了军事领域的若干基本规律，确立了军事问题认识论和方法论的科学原则，创立了关于城市工人武装起义、无产阶级军队和人民战争及其战略战术原则的学说。作为一种崭新的军事思想体系，马克思主义军事理论的诞生，是人类军事思想发展史上一次划时代的伟大革命，为人们研究、解决军事领域的问题提供了科学的基本观点和基本方法，为无产阶级军事思想的发展奠定了坚实的理论基础。

## 二、中国近代资产阶级军事思想

近代中国封建统治日渐腐朽、没落，1840 年鸦片战争之后，传统军事思想受到西方军事思想的严重冲击。林则徐、魏源等有识之士提出“师夷长技以制夷”的主张，标志着变革传统军事思想的开端。在“洋务运动”中，清政府在“器利兵精”和“自强以练兵为要，练兵又以制器为先”的思想指导下，开始兴办中国近代军事工业，引进、仿造西式的枪炮、战舰，编练军队。在中法战争和中日甲午战争中，清军虽最后归于失败，但国防建设思想、作战指导思想和作战方式却向近代迈进了一步。



1911 年以孙中山为代表的资产阶级革命党人推翻了清朝封建王朝的统治，但中国并没有摆脱半封建半殖民地的社会状况，没有建立自己的军队和军事思想。1921 年中国共产党成立，为中华复兴带来胜利曙光，在中国共产党和共产国际的努力下，1924 年第一次国共合作形成。同时在共产国际和中国共产党的帮助下，提出以党治军、军队与国民相结合，进而成为群众的武力的建军方针，并在军队中建立党代表和政治工作制度，在建军思想上迈出了重大的一步。但 1927 年到 1949 年，蒋介石及国民党政府违背孙中山先生的建军方针，引进西方和日本的一些军事技术、体制编制和资产阶级军事思想，又按其所需承袭中国古代军事思想，并与法西斯的军事思想掺杂混用，从而形成其军事思想的政治特征。

# 第三节　现代军事思想

1917 年俄国十月社会主义革命的成功，标志着人类文明跨入现代史时期，而世界现代军事思想的形成，则应从 19 世纪中叶以后，世界列强竞相利用产业革命所提供的先进技术，在全球加剧争夺势力范围，相应的军事变革开始产生，推动了现代军事思想的发展和完善。

## 一、资产阶级军事思想

19 世纪末至 20 世纪初，西方资本主义体系发展到帝国主义阶段，对外扩张的各种军事理论大量出现。美国的马汉在《海权论》中提出，谁控制了海洋谁就能控制世界，为此必须大力发展海上力量。第一次世界大战结束后，帝国主义列强纷纷发展坦克、飞机、潜水艇、航空母舰等机械化兵器并大量装备军队，新的战争理论应运而生。如德国军事家鲁登道夫提出“总体战”理论；意大利的杜黑、英国的特伦查德、美国的米切尔等人提出“空军制胜论”；英国的富勒、法国的戴高乐和德国的古德里安等人提出“机械化战争制胜论”；古德里安提出“闪击战”理论；利德尔·哈特的“间接路线”等，这些理论在第二次世界大战中得到应用和发展。二战后，军事理论研究围绕核武器及高技术展开。冷战后结束后，武装冲突和局部战争频繁发生，尤其是海湾战争、科索沃战争等现代化局部战争，有力地推动了各国现代军事思想的发展，新理论层出不穷。如低强度冲突理论、空地一体战理论、快速决定性作战、战略瘫痪论、基于效果作战理论、网络中心战等。

**知识窗**

战列舰又称为战斗舰，是一种以大口径火炮的攻击力与厚重装甲的防护力为主要诉求的高吨位海军作战舰艇。这种军舰自 1860 年代开始发展直至第二次世界大战中末期逐渐式微为止，一直是各主要海权国家的主力舰种之一，曾经是海军编队的战斗核心，排水量 30 000～50 000 吨，近百门各种口径舰炮，因此在过去又曾经一度被称为主力舰，二战以后战列舰的战略地位被航空母舰和弹道导弹潜艇所取代，逐步退出了海军战斗序列。

尼米兹海军上将在“密苏里”号战列舰上接受日本投降仪式签字

**知识窗**

艾尔弗雷德·塞耶·马汉
(Alfred Thayer Mahan)

艾尔弗雷德·塞耶·马汉(1840—1914),美国海军少将,海军历史学家、海军战略理论家。《海权论》全称《海权对历史的影响(1660—1783)》,与他后来出版的《海权对法国大革命和帝国的影响(1793—1812)》、《海权的影响与1812年战争的关系》并称"海权论三部曲"。而《海权对历史的影响(1660—1783)》可以说是马汉海权论的奠基之作。《海权论》认为:以贸易立国的国家,必须控制海洋,夺取并保持制海权,特别是与国家利益和海外贸易有关的主要交通线上的制海权,是国家强盛和繁荣的主要因素。主张拥有并运用具体优势的海军和其他海上力量去控制海洋,以实现自己战略目的的军事理论。

## 二、无产阶级军事思想

列宁和斯大林以马克思恩格斯军事思想为理论基础,在新的历史条件下,进一步丰富和发展了无产阶级军事思想。从20世纪初,列宁在领导俄国十月社会主义革命和保卫苏维埃政权的国内战争中,以及斯大林在领导苏联国防建设和夺取苏联卫国战争伟大胜利的实践中,创造性地发展了马克思主义的军事理论。

在中国,以毛泽东为代表的中国共产党人,运用马列主义的立场、观点和方法,研究我国历史和现实情况,分析我国革命战争的特点,解决了在半殖民地半封建的国家中组织人民军队、进行人民战争的一系列根本问题,创立了具有中国特色的无产阶级军事理论——毛泽东军事思想,为中国现代军事思想奠定了基础。改革开放后,以邓小平为核心的党的领导集体,根据党的实事求是的思想路线和客观实际需要,制定了新时期国防建设和军队建设一系列重大方针原则,形成了邓小平新时期军队建设思想。



**知识窗**

**毛泽东军事思想的主要内容**

无论在戎马倥偬、硝烟弥漫的战争年代,还是在政务缠身、日理万机的建设时期,毛泽东始终上下求索,笔耕不辍,为我们留下了近千万字卷帙浩繁的军事论著,形成了体系完整、内容深刻的军事思想。毛泽东军事思想是一个内容十分丰富的科学体系,其主要内容包括:战争观和研究军事问题方法论;人民军队建设思想;人民战争思想;人民战争的战略战术思想;国防建设思想等5个方面。

邓小平新时期军队建设思想，指引我们党正确解决了在和平与发展成为时代主题，我国进行改革开放的历史条件下走中国特色精兵之路，建设强大的现代化、正规化革命军队的重大课题。邓小平依据马克思主义和毛泽东军事思想的基本原理，对国际战略格局和世界战略形势的发展趋势，做出了正确判断，提出了一整套适应当今世界发展的战略思想。主要包括：实行积极防御战略方针，把立足点放在遏制战争的爆发上；注重研究现代战争，把着眼点放在打赢现代条件下的局部战争上；军事战略要从维护国家安全利益出发，创造和平方式解决对抗性争端和矛盾；注重发展综合国力，从根本上增强军事实力，提高威慑能力。

党的第十三届四中全会以来，以江泽民同志为主要代表的中国共产党人，创造性地坚持和运用毛泽东军事思想、邓小平新时期军队建设思想的基本立场、观点和方法，紧密结合新的实践，研究新情况，解决新问题，总结新经验，探索新规律，科学阐明了新的历史条件下国防和军队建设的地位作用、目标任务、指导方针、总体思路、根本途径、战略步骤、发展动力和政治保证等，形成了一个完整的军事理论体系，把我们党的军事指导理论发展到了一个新的阶段。江泽民国防和军队建设思想贯穿的根本性指针，就是坚定不移地走中国特色的精兵之路；贯穿的历史性课题，就是打得赢、不变质；贯穿的主导性思想，就是积极推进中国特色的军事变革。

神舟九号/天宫一号对接成功

进入21世纪，胡锦涛同志着眼战略全局，科学总结军事实践经验和把握军事发展大势，提出了关于军事问题的诸多新论断、新思想，为国防和军队建设及军事斗争准备提供了强大思想武器。胡锦涛同志以在军事领域贯彻落实科学发展观为主线，以全面履行党和人民赋予的新世纪新阶段军队历史使命为着眼点，以中国特色军民融合式发展为基本道路，以坚持革命化现代化正规化相统一、推进国防和军队建设又好又快发展为目标，以奋发有为地推进中国特色军事变革为动力，全面回答了在新的历史起点上国防和军队建设一系列根本性、全局性、方向性的重大问题，形成了较为完整科学的理论体系。

胡锦涛同志指出："人民解放军的优良革命传统，集中起来就是听党指挥、服务人民、英勇善战。"这是对我军80年发展壮大历史经验的精辟概括，是对马克思主义建军学说的创新发展。要围绕强化官兵精神支柱，大力培育"忠诚于党、热爱人民、报效国家、献身使命、崇尚荣誉"的当代革命军人核心价值观。必须深刻认识军事斗争准备在我国安全和发展战略全局中的重要地位，集中资源和力量把这一战略任务抓紧抓好；要充分发挥军事斗争准备在推进军队现代化建设整体发展中的龙头作用，优先抓好应急机动作战部队建设，重点抓好联合作战指挥人才建设，加速发展“撒手锏”和关键性武器装备，加快战斗力生成模式转变；改革创新体制机制，着力解决制约军队建设科学发展的深层次矛盾和问题；积极推进机械化条件下军事训练向信息化条件下军事训练转变，进一步拓宽军事训练的内容和领域，按照信息化条件下实战的要求从难从严训练，大力加强联合训练，积极推进机械化条件下军事训练向信息化条件下转变，以增强打赢信息化条件下局部战争能力为核心，全面提高应对多种安全威胁、完成多样化军事任务的能力。

“蛟龙”号冲击 7 000 米深海成功

党的十八大以来，习近平总书记在新时代坚持和发展中国特色社会主义历史进程中，着眼实现中华民族伟大复兴的中国梦，紧紧围绕新时代建设一支什么样的强大人民军队、怎样建设强大人民军队，深入进行理论探索和实践创造、形成了习近平强军思想，开拓了中国特色强军之路，把当代中国马克思主义军事理论和军事实践发展推向新境界。

**知识窗**

**人民战争的战略战术思想**

人民战争的战略战术是毛泽东军事思想中最富创造性的内容。毛泽东同志为我军制定的战略战术，是建立在人民战争的基础之上的，立足于以劣势装备战胜优势装备之敌的灵活机动的战略战术。主要内容有：保存自己，消灭敌人的战争目的；积极防御的战略指导思想；运动战、阵地战、游击战等作战形式；集中优势兵力，各个歼灭敌人的作战法则；审时度势、灵活机动的指挥艺术。其中，“你打你的，我打我的”是毛泽东战略战术思想的精髓。

# 第五章　我国安全环境与新军事变革

进入21世纪世界并没有随着冷战的结束而变的太平，国际战略环境的发展变化，世界主要力量间关系的调整及国际战略格局的走向，对我国的安全利益和发展利益有着直接和重大的影响。与此同时，作为地处亚洲大陆东部、太平洋西岸的中国，特殊的地缘环境以及与周边国家在历史上和现实中存在的复杂关系也构成了影响我国安全环境的“小气候”，美、俄、日、印等周边大国的动向，是评估和考察我国安全环境必不可少的“参数”。我们要坚持新安全观，进一步增强国家安全意识，努力维护国家安全和发展利益。

## 第一节　我国安全环境现状与发展趋势

当前，我国所面临的周边安全环境十分复杂，存在许多不确定和不安定因素。中国坚持走和平发展道路，积极拓展国家利益的战略空间，但复杂多变的周边安全环境，对我国的安全利益和发展利益提出了新的挑战。我们要倡导和践行新的国家安全观，积极争取和维护良好稳定的周边安全环境，积极适应国家发展的新形势，努力提高维护国家利益的战略能力。所谓战略是“筹划和指导战争全局的方略”。战略是在军事斗争的实践中产生的，也是在军事斗争实践不断发展，深化的过程中丰富和完善的，长期以来也一直运用于军事领域。但近年来被其他领域使用得越来越广泛，如政治战略、经济战略、国家安全战略以及国际战略等。军事领域的战略成为国家总体战略的重要组成部分，是为国家利益服务的，它把国家的安全利益作为其基本的历史使命，具有对外反侵略、对内反颠覆的双重职能。国家制定和实施国家战略的客观依据是战略环境，它包括世界战略格局、国际战略形势，尤其是周边安全和国内稳定的基本状况。



**知识窗**　**当前国际战略环境的主要特征**

1. 局部战争已成为主要战争形态
2. 军事安全更加突出
3. 世界新军事变革进程加快
4. 非传统安全威胁日益突出

## 一、我国周边安全环境的演变

新中国成立后，我国的周边安全环境有从十分险峻复杂到相对和平安定的演变过程，我国政府始终坚定不移地努力维护国家主权和领土完整，维护国家的安全和发展利益。

新中国成立之初，百废待兴，面临十分困难和复杂的国际环境。以美国为首的敌对势力尽其所能对我国进行封锁，企图把新生的共和国扼杀在摇篮之中。党中央领导全国人民以维护国家的独立、主权、领土完整为中心任务，力争为社会主义革命和建设创造和平、安定的国际环境。首先与苏联、东欧各国、周边国家以及一些西欧国家建立了外交关系。针对当时的国际政治环境，中国坚定地站在苏联为首的社会主义阵营一边，并于1950年2月14日签署了《中苏友好同盟互助条约》，使中苏两国结为同盟关系，加强了社会主义国家之间的团结，打破了帝国主义企图孤立中国的阴谋。同时，中国坚决反对帝国主义的侵略和扩张政策，取得了抗美援朝的伟大胜利，击破了美帝国主义不可战胜的神话，新中国在国际舞台上初步站稳了脚跟，国家安全环境有了一定的改善。

20世纪50年代末到60年代，我国的周边安全环境面临新的严重挑战。这一时期，国际形势出现了大动荡、大分化、大改组的局面，苏联开始推行霸权主义的政策，遭到我国的抵制，与中国关系急剧恶化。与此同时，美国则继续执行与中国为敌的政策。这样就出现了美苏两个超级大国同时对中国施加压力的局面。针对这种情况，中国政府为维护国家安全利益，维护国家的领土主权完整，坚持打击美国的侵略干涉，在台湾海峡危机中粉碎了美国试图“划峡而治”的阴谋；同时反对苏联的霸权主义政策，坚决顶住了苏联的压力，与此同时，我们赢得了中印边境自卫反击作战、珍宝岛保卫战的胜利。



进入20世纪70年代，国际形势发生新的变化，美苏争夺出现苏攻美守的战略态势。苏联武装入侵阿富汗，支持越南入侵柬埔寨，苏联的霸权主义及其侵略扩张政策已构成对我国安全的最主要威胁。美国出自战略利益的需要，调整对华政策。1972年2月，美国总统尼克松访华，两国在上海发表了《中美联合公报》，中美关系逐步走向正常化。1972年9月日本首相田中角荣访华，中日两国正式建立了外交关系。1979年1月1日，中美两国建立了正式外交关系。随着中美关系的改善，中国同西方各国的关系有了较快发展。中国与东南亚国家关系也逐步实现正常化，周边安全环境有所改善。

进入20世纪80年代，国际形势趋于缓和，我国的周边安全环境在总体上得到了明显的改善。与此同时，我国改革开放不断深入，我国的经济实力以及综合国力都有了明显的提升。在这种情况下，邓小平认为战争的危险依然存在，但世界和平力量的增长超过了战争力量的增长，世界和平是可以维护的。强调我们应该积极争取一个长期稳定的国际和平环境，特别是良好的周边安全环境。

20 世纪 80 年代末至 90 年代初，随着东欧剧变和苏联解体，美国又把矛头对准了我国，我国的周边安全环境又面临一系列新的挑战。特别是以美国为首的西方国家对中国施压，采取了一系列的“制裁”和“遏制”政策。面对这种困难情况，中国坚持“冷静观察，稳住阵脚，沉着应付”的方针，坚决顶住西方压力，集中力量发展自己，同时坚持在和平共处五项原则基础上努力改善和发展与西方各国的关系。粉碎了国际反华势力“西化”“分化”中国的图谋。与此同时我国与周边国家的关系有了更进一步的发展，使我们争取到了一个良好稳定的周边安全环境。

**知识窗**

**当前世界主要国家的安全战略**

1. 美国——从“先发制人”战略转向“接触合作”战略
2. 欧盟——推进一体化防务建设与强化共同安全相结合的安全战略
3. 俄罗斯——固本联邻的“现实遏制”战略
4. 日本——变“专守防卫”战略为“主动先制”战略
5. 印度——迈向全球性军事大国的军事战略调整

进入新世纪以来，我国的周边安全环境继续得到改善，我国在国际上的地位进一步提高，影响进一步扩大，我国坚持走和平发展的道路，努力构建和谐世界，从而有力地维护了我国的安全利益和发展利益。

## 二、我国周边安全环境的现状和特点

我国是世界上拥有邻国最多的国家，陆地边界 22 000 多千米，海岸线 18 000 多千米，周边国家多达 29 个，其中直接接壤邻国就有 14 个。我国同周边各国社会制度不同；发展水平各异；各种文化、民族和宗教聚集在我国周围。我国周边也是世界各主要大国利益交汇之地，冷战时期曾形成不少“热点”，有些至今尚未彻底解决。21 世纪我国外部特别是周边一些地区仍然充满变数。



随着中国自身的发展以及国际和地区形势的变化，周边安全环境对于维护我国家安全利益更加重要，周边外交在我国外交全局中居于首要性的地位更加突出。从政治上看，周边是我国维护主权权益、发挥国际作用的首要依托。周边很多国家长期奉行对华友好政策，在国际舞台上一直与我国相互支持、相互配合。从经济上看，周边是我国对外开放，开展互利合作的重要伙伴。中国的发展首先给周边带来机遇；周边的繁荣，也使中国从中受益。我们与周边国家的相互依存日益加强，周边正在成为我国实施“走出去”战略的重要地区。从安全上看，周边是我国维护社会稳定、民族和睦的直接外部屏障。一个和平、稳定的周边是我国社会主义现代化建设事业顺利进行的重要条件。如果周边动荡，则不可避免会对我国经济建设和社会稳定造成干扰。

近年来中俄战略协作伙伴关系发展迅速。政治互信不断增强；经贸合作日益密切；中俄在重大国际问题上的共识越来越广泛。两国将共同努力，继续推动中俄战略协作关系更好地向前发展。

中国与朝鲜半岛山水相连，中朝关系具有战略意义。近年来，中朝关系发展稳定，在“继承传统；面向未来，睦邻友好，加强合作”方针的指导下，中朝传统友谊获得巩固和发展。加强中朝友好不仅符合两国人民的根本利益，也有利于亚洲和世界的和平与安全。中韩两国自 1992 年 8 月正式建交后，政治关系日趋密切，经贸关系快速发展。双方同意将中韩全面合作伙伴关系提升为战略合作伙伴关系，共同开创中韩关系更加美好的未来。

中日两国有一千多年的交往历史，也都是世界上有重要影响的国家。中日关系的健康、稳定发展不仅符合两国人民利益，也对亚洲及世界的和平与发展具有重要的促进作用。改革开放以来，中日经贸关系持续快速发展，双方已互为重要合作伙伴，相互依存日益加深。在当前复杂多变的国际形势下，继续本着“以史为鉴、面向未来”的精神，推动中日两国的战略互惠关系。实现中日关系的健康稳定发展，对中日两国都具有重要意义。

中国与东盟国家的关系经过几十年的双方共同努力，双边关系不断发展，从 1994 年起，中国和东盟从磋商伙伴国，到 1996 年我国成为东盟全面对话伙伴国。1997 年，中国与东盟确定双方建立面向 21 世纪的睦邻互信伙伴关系。东亚金融危机期间，我国以负责任的态度，坚持人民币币值稳定，并向泰、印尼等国伸出援手，提供金融帮助，有效遏阻了危机的蔓延，帮助东盟各国尽快摆脱危机，经济得到恢复。中国-东盟自由贸易区的建立、中国加入东南亚友好合作条约、中国与东盟战略伙伴关系的确立，已经成为中国和东盟关系深入发展的三大支柱。



中国积极与南亚国家改善关系。中印两国在和平共处五项原则、相互尊重和照顾彼此关切和愿望以及平等的基础上，发展面向和平与繁荣的战略合作伙伴关系。积极推进两国政治、军事和安全领域的互信；双边贸易和经济合作迅速增长。中印两大文明之间的亲密相处，不仅将造福于两国人民，而且将对地区乃至世界局势产生深刻影响。

我国十分珍视与巴基斯坦之间的真诚友谊，同巴方确立了面向 21 世纪的全面合作伙伴关系。“9.11”事件后，我们坚定支持巴基斯坦从国家和民族利益出发调整内外政策，坚决支持其开展反恐斗争，努力帮助其改善外部环境，中巴友好进一步加强，巴称我为患难之交。2005 年 10 月和 2008 年 5 月，巴基斯坦和中国分别发生强烈地震，造成重大人员伤亡和物质财产损失，中国政府和人民与巴基斯坦政府和人民都及时相互提供援助并先后派出了医疗队，帮助两国抗震救灾，进一步推动了两国友好关系的发展。

1991 年中亚五国独立后，与中国的关系发展迅速，政治互信不断增强，双方的安全和经济合作不断得到深化。由中国、俄罗斯、哈萨克斯坦、吉尔吉斯斯坦、塔吉克斯坦和乌兹别克斯坦 6 国组成的上海合作组织成立以来，在维护地区安全，打击恐怖主义、极端主义和分裂主义“三股势力”方面开展了卓有成效的合作。随着上海合作组织影响力的不断扩大，蒙古国、巴基斯坦、伊朗和印度 4 国被接纳为该组织的观察员。我国及时提出政治解决阿富汗问题 5 点主张，得到各国响应，成为国际社会普遍共识，并积极参与阿富汗和平进程和战后重建，恢复发展了中阿传统友谊。

随着我国积极加强与邻国的互利合作，深化区域和次区域合作，外交领域不断延伸，多边合作成为周边外交的重要内容，推进地区经济一体化，与邻国实现共同发展。目前，在亚洲各种区域和次区域的合作机构大概有 40 多个，我国积极与这些机构开展互利合作，并在各种机构中发挥了重要作用。我们通过加强区域经济合作深化睦邻友好，通过参与地区安全对话维护周边稳定，并积极参加了亚太经合组织和亚欧会议等跨区域合作进程。我国还积极参与东盟地区论坛、(ARF)和亚洲安全大会(香格里拉对话)等地区及国际讲坛，开展了以对话增进信任，以合作谋安全的新安全观实践。以实际行动增信释疑，使周边国家认识到中国的发展是机遇而不是威胁，加强对华合作日益成为周边各国对华政策的主导面。

## 三、我国周边安全环境发展趋势及面临的主要挑战



进入 21 世纪以来，面对中国的综合实力的不断增强，西方反华势力又鼓吹起所谓“中国威胁论”，中国周边一些国家也怀有十分复杂的心态并作出了不同的反应。因此，我们该如何在中国的和平发展过程中赢得周边邻国的认同和理解并促进周边邻国共同发展，从而达到“睦邻、安邻、富邻”，就成为新世纪我国周边外交的重要内容和目标。

从发展趋势来看，一方面，我国的周边安全环境在总体上继续得到改善；另一方面，我国的周边安全环境仍存在着各种现实挑战和潜在危机。在中国的和平崛起进程中，不仅要受到外部因素，尤其是大国因素的制约，而且由于历史原因和现实因素，我们和周边国家在领土、边界、岛屿、海域的划分及归属问题上也存在纷争，处理好这些纷争，是今后和平发展过程中必须面对的艰巨任务。

### (一) 炒作“中国威胁”论，加强对我国的战略防范与牵制

2006 年在美国公布的《四年防务评估报告》中，美国大肆渲染“中国威胁”论，

报告中明确提到中国军事发展对美国未来的威胁:“在世界主要的新兴国家中,中国具有与美国进行军事对抗的最大潜力。其军事技术的发展将随着时间的推移而赶上美国,而美国的军事将不再存在优势。”2010 年美国公布新的《四年防务评估报告》提出,美军将放弃以往为传统性大规模地区冲突作准备的国防战略指针,并规列了美国国防部的四大目标:赢得当前的战争,防止未来冲突发生,为可能的大规模网络冲突作准备,维持和加强全部由志愿者组成的武装部队。《报告》再次鼓吹“中国威胁”论,指责中国军力不透明,渲染中国军力发展。

美国两份防务评估报告中均夸大我国国防力量的发展,为“中国威胁论”造势,这其中有其国内政治、经济的需要,但更多的是为美国战略目标服务。中美之间保持战略对话的同时,美国对中国安全也构成长期、潜在的威胁,因此中美之间的对抗也将长期存在。从美国的国家性质、战略目标,特别是美国政府的政策走向来看,无论是主张对中国遏制派还是接触派,其实质都是企图延缓中国和平崛起的步伐。为此,美国鼓动、唆使周边国家与我国对抗,从而使美国成为对我国构成潜在威胁最大的国家。

第一,美国推动全球霸权主义与“和平演变”战略,与中国存在着根本性的利益冲突。美国是当今世界最大的霸权主义国家。随着前苏联及其联盟的解体,与美国直接对抗的战略力量消失,其称霸世界的野心进一步膨胀,美国以经济、军事实力为后盾,打着“民主”“人权”的幌子,采取军事威胁、政治渗透两手并用,实现其独霸世界的野心,特别是一直视中国为长期战略对手,反复散布所谓“中国威胁”论,力图以政治、经济手段遏制中国。

第二,美国军力强大并在亚太地区保持前沿部署,是中国安全的最大、最现实威胁。近年来美国进行全球战略调整,战略重心东移的步伐明显加快,在亚太地区的军事部署进一步加强。进一步强化日美军事同盟防卫合作;强化其在东南亚的军事存在,竭力推动南海问题国际化,并企图实现对马六甲海峡的直接控制;在原有双边结盟的基础上,组建一个新的亚太多边军事结盟体系。在南亚,美国则试图通过提升印度的国际战略地位来对抗和制衡中国。



第三,美国不顾中国政府的强烈抗议继续提升售台武器的数量和质量,甚至炮制协防台湾计划。美国在台湾问题上的立场和政策,是中华民族实现祖国统一的严重障碍,也是可能诱发台湾政局动荡的重要根源。

此外,美国进一步插手朝鲜半岛事务;与中国周边一些国家如越南讨论所谓“共同利益”;和日本签订《安保条约》,其目的就是针对中国,从而增加了亚太地区的不稳定因素。目前,中国周边安全环境所面临的诸多麻烦,几乎都有美国的背景。

### (二) 中日之间存在一系列的矛盾和斗争

随着近年来日本军国主义势力的抬头,中日之间在历史问题、东海问题以及台湾问题上存在一系列争端或分歧。

一是日本当局歪曲历史,美化侵略战争,拒绝承担战争责任。日本领导人参拜靖国神社说明日本仍不能正确认识和对待日本军国主义的侵略历史,企图挑战"二次大战"后东京国际法庭审判的正当性,破坏中日建交的政治基础。日本政府的这种倒行逆施不但破坏了中日关系,也破坏了它与其他亚洲邻国的关系,人们有理由怀疑日本能否继续坚持走和平发展道路。

二是中日之间在钓鱼岛、东海大陆架以及东海油气资源开发等方面存在严重争端。钓鱼诸岛自古以来就是中国领土不可分割的一部分,中国对此拥有无可争辩的主权。由于中国清朝政府在中日甲午战争中战败,1895 年 4 月 17 日,清政府被迫与日本签订了丧权辱国的《马关条约》,将台湾及其附属岛屿包括钓鱼岛等一并割让给了日本。1945 年 8 月,日本战败投降,第二次世界大战结束,台湾归还中国。但 1951 年的《旧金山对日和约》却错误地把日本所窃取的钓鱼岛等岛屿归在由美国托管的琉球管辖区内。当时中国总理周恩来严正声明,中国政府坚决不承认《旧金山对日和约》。中国政府在 1958 年 9 月发表的关于领海的声明中宣布,日本归还所窃取的中国领土"适用于中华人民共和国的一切领土,包括台湾及其周围岛屿"。

中国固有领土钓鱼岛列岛

1972 年中日建交谈判以及 1978 年《中日和平友好条约》签署时中日双方同意将此问题"搁置争议""先放一下,以后解决",但日本当局实际上从未认真履行过自己的诺言,相反,却一直有预谋、有步骤地实施对钓鱼岛的侵占和控制,企图造成既占事实。中国政府一再严正声明,钓鱼岛是中国的固有领土。1992 年 2 月 25 日,中国方面颁布《中华人民共和国领海及毗连区法》(简称《领海法》),写明钓鱼岛等岛屿是中国领土。关于东海大陆架划分与油气资源问题,依据《联合国海洋法公约》有关规定,东海海底的地形和地貌结构决定了中国大陆领土的大陆架自然延伸至冲绳海槽,该海槽是中国大陆自然延伸的陆架和琉球群岛的岛架之间的天然分界线。日本则主张采用等距离中间线来划分中日两国之间的东海大陆架。据勘探,东海区域油气储备十分丰富,专家预测东海油气资源储量可达 200 多亿吨,甚至更多。对于东海区域丰富的油气储量,根据"搁置争议,共同开发"的精神,从 20 世纪 70 年代开始,中方就向日方提出共同开发东海石油资源的提议,但日本方面始终加以拒绝。中国目前在东海区域已经勘探出了“春晓”“断桥”“天外天”和“冷泉”等油气田，全都在中国的大陆架范围之内，日方所谓“中国损害其利益”的说法是完全没有根据的。

三是日本当局在台湾问题上挑战中国的核心利益，伤害了全体中国人民的民族感情。近年来，日本右翼势力支持“台独”分裂势力的活动更加明目张胆，直接威胁海峡两岸的和平，我们必须保持高度警惕，阻止这一势头的发展，为祖国统一创造良好的环境。

四是日本执政当局军国主义思潮抬头……

**（三）台海局势出现重大积极变化，但反“台独”斗争依然严峻、复杂**

台湾问题事关国家主权和领土完整，是中国核心利益所在。2008 年以来，随着马英九成为台湾地区领导人以来，两岸之间的经贸往来和人员交流十分频繁，实现了两岸全面“三通”，在签署两岸经济合作、框架协议（ECFA）等议题上也取得一系列重大进展。

现阶段反“台独”的斗争依然严峻、复杂，“台独”分裂势力依然是对台海和平的最大威胁，绝不能有丝毫的松懈。2016 年台湾地区领导人更替蔡……同时外国干涉势力，特别是以美国为代表的国际反华势力利用台湾岛内的“台独”势力，大做文章，干涉中国内政，阻挠我国发展，延缓中国的崛起和强大。

**（四）周边地区恐怖主义日益猖獗，对中国的威胁增大**

我国处于国际恐怖势力猖獗的高危弧形地带。从北高加索、中东、中亚、南亚到东南亚，是国际恐怖势力的主要盘踞地和威胁高发区。近几年来，在各种复杂因素的作用下，恐怖势力明显抬头，恐怖威胁有增无减，世界处于“越反恐越恐怖”的阴影中。国际恐怖势力在中国周边的频繁滋事，恶化了中国周边环境，直接危害着中国国家安全。近一段时期以来，以“东突”“藏独”和“疆独”为代表的分裂势力、国际恐怖势力和宗教极端势力等三股恶势力打着所谓“民族自决”和“宗教自由”的招牌，频繁活动，严重威胁着我国的国家安全与地区稳定。尤其值得关注的是，境内民族分裂活动的国际化趋势。一方面，我国周边国家的民族分裂主义、宗教极端主义和国际恐怖主义活动猖獗，对我国边境相关地区的稳定和民族团结构成严重威胁。同时，中国境内的民族分裂活动，有着深远的国际背景。一些西方国家在中国打击恐怖组织的问题上采取双重标准，甚至暗中支持其在中国境内继续搞恐怖活动，给中国的反恐斗争带来了更大的难度。



2008 年 3 月 14 日，西藏的拉萨市发生了打砸抢烧严重暴力犯罪事件，使当地社会秩序受到了严重危害，给当地人民群众生命财产造成重大损失。与此同时，2008 年北京奥运会圣火在英国伦敦、法国巴黎以及美国旧金山等地传递过程，也一再遭到境外“藏独”分裂势力的破坏，这都是由达赖集团有组织、有预谋，精心策划和煽动，境内外“藏独”分裂势力相互勾结制造的。西方反华敌对势力也借此竭力妖魔化中国，抹黑中国，破坏我国国际形象，妄图阻挠中国和平发展的势头。2011 年 7 月，在中国隆重纪念西藏和平解放 60 周年前夕，美国总统奥巴马公然会见西藏叛乱集团头目达赖。事实表明，中国人民与达赖集团的斗争，既不是什么民族问题，也不是什么宗教问题，而是维护国家主权和领土完整、反对分裂的斗争。

2009 年 7 月 5 日，新疆的乌鲁木齐市发生了打砸抢烧严重暴力犯罪事件，同样也给当地人民群众生命财产造成重大损失，使当地社会秩序受到了严重危害。这是由以热比娅为首的境外“疆独”分裂势力有组织、有预谋，精心策划和煽动的，也再次暴露了热比娅和“世界维吾尔代表大会”的“疆独”分裂及恐怖主义的本质。

**(五) 南海领海主权和海洋权益存在严峻复杂的挑战**

中国有漫长的海岸线，领海自北而南有渤海、黄海、东海和南海，中国的领海面积为 22.8 万平方千米，管辖的专属经济区和大陆架海域有 300 万平方千米。辽阔的疆域，既为中国提供了广阔的生存空间，又使我国维护国家主权和海洋权益的任务异常艰巨和繁重，与周边邻国在领海主权和海洋权益上的矛盾十分突出。

南沙群岛位于南中国海南部，是南海诸岛中距离中国大陆最远，分布最广，包括岛礁最多的一个群岛。南沙群岛及其周围海域的自然资源特别是油气蕴藏量十分丰富，南海油气资源总储量估计可达 1 000 亿吨，其中在中国海疆线内约 420 亿吨，是我国巨大的资源宝库之一，又称第二个“波斯湾”。

南沙群岛及其海域的战略地位也十分重要。它地处太平洋和印度洋的咽喉，是扼守两洋海运的要冲。东北越过台湾海峡与东海相通；隔巴士海峡与太平洋相连；南经巽他海峡出印度洋；西南接马六甲海峡西出安达曼海，沟通印度洋。南海是中国同东南亚各国交往的重要纽带，南沙群岛是捍卫我国南大门的第一道海上战略屏障，也是保卫海上通道安全的前沿阵地。

南海诸岛，自古以来就是中国的领土。从历史角度和国际法角度来看，中国都拥有无可置疑的领土主权。但自 20 世纪 70 年代以来，南海周边国家却开始陆续侵占瓜分南沙群岛各主要岛礁，分割中国海域，掠夺中国油气资源，严重侵犯了我国的领土主权和海洋权益，形势十分严峻。围绕南沙问题的国际外交斗争日趋激烈，解决南海海域和南沙群岛争端问题的前景十分复杂，充满了不确定因素。我们一定要未雨绸缪，时刻准备应对我国周边安全环境中各种可能出现的情况，坚持与邻为善，以邻为伴，坚持“主权在我、搁置争议、共同开发”的原则，在自身和平发展的同时，积极维护亚太地区的安全与稳定，促进亚太地区的共同发展。



## 第二节　我国的安全政策与新安全观

中国的安全政策立足于国家的长远战略利益，具有三个基本目标：一是确保国家主权与领土完整;二是维护周边和平与稳定;三是促进地区对话与合作。从总体上服从和服务于经济建设的根本任务,服从和服务于维护和平、促进发展的中国外交宗旨。在与周边各国的交往中,中国注重外交理念的和平性、军事战略的防御性、安全政策的合作性,承认各国的自主性,尊重地区的多样性。

面对复杂的国家安全环境,为了更好地维护国家安全利益和发展利益,我们坚持倡导和践行以互信、互利、平等、协作为核心的新的国家安全观,努力营造长期稳定、安全可靠的国际和平环境和周边安全环境。这既是中国政府的基本立场,也反映了当今时代发展的潮流和世界人民的共同愿望,为建立新的国际安全环境提供了新的思路。新安全观是对国际新秩序重要的理论贡献和实践创新,在国际舞台上显示出了强大的生命力。

新安全观认为,共同利益是维护安全的首要条件,而不是一个国家或国家集团所具备的实力。一个国家即使拥有强大的实力,如果一意孤行,其安全仍然不能得到保证。只要有共同利益,无论实力差距有多大,也有安全合作的可能。当今世界各国面临着许多共同的安全问题,如国际恐怖主义、国际犯罪、难民问题、环境问题、能源问题等等,没有国际范围的合作,任何国家都不可能单独解决。

新安全观的核心是互信、互利、平等和协作。互信,是指超越意识形态和社会制度异同,摒弃冷战思维和强权政治心态,互不猜疑,互不敌视,互通情报;互利,是指顺应全球化时代社会发展的客观要求,互相尊重对方的安全利益,在实现自身安全利益的同时,为对方安全创造条件,实现共同安全;平等,是指国家无论大小强弱,都是国际社会的一员,应相互尊重,平等相待,不干涉别国内政,推动国际关系的民主化;协作,是指以和平谈判的方式解决争端,并就共同关心的安全问题进行广泛深入的合作,消除隐患,防止战争和冲突的发生。和平共处五项原则以及其他公认的国际关系准则,是维护和平的政治基础;互利合作、共同繁荣,平等对话、协商和谈判,将是今后国际间解决争端、维护和平的正确途径。



新安全观强调国家享有主权。国家主权包括国家的独立权、管辖权、平等权、自卫权等。主权安全是国家安全的基本前提,是国家生存和发展的基础。针对西方国家鼓吹的“人权高于主权”“主权过时论”,江泽民同志严正地指出:“维护我国的独立和主权,促进世界的和平与发展,是中国外交政策的基本目标。”“在涉及民族利益和国家主权的问题上,我们决不屈服于任何外来压力。人权问题说到底是属于一个国家主权范围的事,我们坚决反对利用人权问题干涉别国内政。”

新安全观强调国家的综合安全。国家安全涉及政治、经济、军事、文化等多个领域,经济安全成为国家综合安全的核心。冷战结束后,在综合国力的竞争中,军事因素的分量相对下降,经济因素的重要性日趋上升。当今世界,资本的国际化和跨国经营加速发展,经济日益全球化,经济安全问题就显得越来越重要,20 世纪 90

年代东南亚金融危机的爆发更是敲响了警钟。随着我国对外开放的不断深入，经济安全的问题就愈发突出。没有经济安全，就不可能有真正的国家安全。此外，信息安全、环境安全、文化安全等也都十分重要。

新安全观强调国家安全与国际安全紧密相连。国家的外部安全问题不再纯属一国事务或由一国的政策所能解决的，一个国家的安全与否也对国际环境产生重大的影响。各国在安全问题上的相互依存不断加深，共同点在增多，只有加强国际合作，才能有效应对全球安全挑战，实现普遍和持久的安全。

中国政府不仅是新安全观的积极倡导者，而且为在国际关系中实践新安全观作出了不懈的外交努力。多年来，中国一直提倡树立互信、互利、平等、协作的新安全观，坚持以对话增进互信，以协商化解矛盾，以合作谋求稳定，解决各种传统和非传统的安全问题，共同应对全球性威胁和挑战。加强国际反恐合作、积极推进地区安全对话合作、致力于和平解决争端。

近年来我国与地区内外国家开展务实合作，积极参与解决各类安全问题，为促进地区和平、安全和稳定发挥了独特的建设性作用。在加强与周边国家友好关系的同时，还致力于推动地区多边安全合作。在地区安全问题上，除重视与本地区各国加强对话与合作外，还注意与地区外有关大国发展和保持建设性关系。中国在本地区不寻求排他性的战略利益，不排斥其他有关大国在地区内的战略存在和战略利益。中国的最终目标是有关各国的共存共赢。在与其他大国合作的过程中，遵循合作、协调和避免对抗的原则，同时希望世界各国特别是主要大国都能在互信、互利、平等和协作的基础上共同维护世界和平与安全，促进世界繁荣与发展，共同构建一个和谐世界。



## 第三节　军事高技术与新军事变革

### 一、军事高技术

科学技术特别是军事高技术的发展，引领着军事领域一场深刻的变革。从海湾战争、科索沃战争、阿富汗战争再到 2011 年 3 月以法、英、美为首的北约国家空袭利比亚等局部战争中可以看出，现代战争已进入信息时代，战场对话已经成为高技术武器装备的较量。谁拥有军事高技术的优势，谁就能占据更大的战争主动权，也就拥有了赢得战争胜利的物质技术基础。

#### （一）军事高技术的概念与分类

军事高技术通常是指以现代科学技术为基础，处于当代科学技术前沿，以信息技术为核心，在军事领域发展和应用的，对国防科技和武器装备发展起巨大推动作用的高技术总称。军事高技术的范围十分广泛,分类也各种各样。从高科技向军事领域延伸的角度,军事高技术可分为六大领域:军用信息技术、军事航天技术、军事海洋开发技术、军用生物技术、军用新材料技术、军用新能源技术。

从军事高技术与武器装备的关系出发,军事高技术分为两大方面:一是支撑武器装备发展的基础技术,主要包括:微电子技术、光电子技术、计算机技术、新材料技术、高性能推进与动力技术、仿真技术、先进制造技术等;二是直接用于武器装备并使之具有某种特定功能的应用技术,主要包括精确制导技术、伪装与隐身技术、侦察监视技术、电子对抗技术、航天技术、指挥信息系统技术、新概念武器技术等。

**知识窗**

国际空间站的设想是1983年由美国总统里根首先提出的,即在国际合作的基础上建造迄今为止最大的载人空间站。该空间站共16个国家参与研制,其设计寿命为10～15年,可载6人。国际空间站结构复杂,规模大,由航天员居住舱、实验舱、服务舱,对接过渡舱、桁架、太阳能电池等部分组成,建成后总质量将达438吨,长108米。

**(二) 军事高技术发展趋势和影响**

1. 军事高技术发展趋势

21世纪将是科学技术迅猛发展的世纪,军事高技术将在民用科学技术发展的基础上孕育出许多新的突破。21世纪将是信息技术、生命科学和纳米技术的时代。



在未来相当长的时间内,信息技术仍然是当代军事高技术的核心。信息化、网络化将成为高技术发展的主导趋势。异军突起的纳米技术将对新军事变革产生难以估量的影响。据预测,单电子晶体管集成电路2015年将实现实用化。同样,军事生物技术、军用新材料技术、军用能源技术、军事航天技术、军事海洋技术等也都将在未来的10～20年内获得空前的发展,给军事领域带来深远影响。随着国防科技的迅速发展,新概念武器为武器装备的发展开辟了崭新的领域,在一定程度上代表了未来武器装备的发展方向。

美国科学院和陆军研究委员会曾经提出一项《21世纪陆军的战略性技术》的研究报告。报告强调,为了夺取21世纪战场上的优势,发展高新技术是关键。预计在未来二三十年,需要大力发展计算机、机器人、人工智能;电子学、传感器;光学、光子学、定向能、生物工程、生物化学;先进材料技术;推进系统;先进的工艺制造技术;环境科学、气象科学等8大领域的高技术。21世纪是科技与军事互动变革的新世纪，也是充满机遇与挑战的新世纪。科技革命浪潮的蓬勃兴起，正在引发新一轮世界范围的重大军事革命，不少国家已加大军事技术投入，积极主动地发展和吸纳高新技术的成就，从而加速新武器、新军事技术的研制和发展，并视之为确立军事高技术优势的重要举措。

2. 军事高技术对现代战争的影响

随着高技术不断运用到军事领域，军队建设呈现出从机械化向信息化转型的特点，现代战争也呈现出明显的高技术化趋势，战争样式和战争形态也随之发生巨大变化。

(1) 高技术武器装备将明显改变现代战场与作战行动

首先，由于信息技术装备的广泛运用，创造了软、硬杀伤相结合的电子战手段，构成了日臻完善的作战"神经系统"，使信息在作战中的地位和作用发生了重大变化。信息能力成为一种最重要的作战能力，成为现代战争手段的核心。

其次，兵力兵器远距离作战能力空前提高，使作战空域向大纵深发展，作战行动更加强调实施大纵深全方位打击。同时，由于武器装备性能的提高，作战空间向立体化发展，使作战行动呈现出"空地一体""海空一体"，甚至"陆海空天电多维一体"的特征。

在时间上，由于兵力兵器快速作战能力的提高，并能够在夜间和不良气象条件下作战，使作战行动的快速和全天候、全时辰等特性更加突出。高技术武器装备的运用，扩展了诸军兵种作战的范围和联合作战的方式。

(2) 高技术武器装备将变革作战方式

首先，由于空袭的手段和兵器性能发生了质的飞跃，战略空袭已成为最重要的作战样式。空袭已不再像以往那样仅是战斗支援手段，而成为能够摧毁对方军事实力和战争潜力、进而影响战争胜负的主要作战方式。

美国拥有多种反卫星手段

其次，精确制导技术的发展，使导弹打击和导弹拦截作战成为重要作战方式，其地位已居传统的枪炮战之上，各种作战平台都将适应导弹战的需要。

电子战飞机和各种电子战装备的大量使用，电子对抗成为新的作战方式，并形成新的战场；军用卫星的使用使反卫星成为新的作战任务和作战方式；计算机病毒、"黑客"攻击及其防范将构成信息战的重要内容。高技术正在改变着今天和未来的作战样式。

(3) 作战指挥体系将"扁平网络化"

传统的自上而下的高度集中的"树状"指挥体系已经过时，取而代之的将是扁平型“网状”指挥体系。减少指挥层次，缩短信息流程，充分发挥横向网络的作用，使尽可能多的作战单元同处于一个信息流动层次。这种体系的信息传输速度快，保密性能好，失真率低，抗干扰能力强，生存率高，适应指挥决策分层化的要求。

## 二、新军事变革

新军事变革是特指在工业社会走向信息社会的时代，以信息技术为核心并得以广泛应用；从而引起军事领域武器装备、军事理论和组织体制等一系列的根本变革，导致彻底改变战争形态和军队建设模式的一场革命。新军事变革的基本内容就是：革新军事技术，推进武器装备的信息化；革新体制编制，重新编组军队的结构；革新作战方法，以发挥信息化装备的优势；革新军事思想，以新的理念谋划作战与军队建设。通过上述四个方面的革新，推动战争形态从机械化战争向信息化战争的方向演变。

1. 新军事变革的主要特征

随着高技术在军事领域的应用，必将促进军事指挥和作战方式的改变。目前世界范围发生的这场新军事变革主要具有 5 个特征。

(1) 武器装备智能化。其重要标志是各类精确制导武器逐步成为战场的主角。

(2) 编制体制精干化。提高质量、减少数量已成为当今世界各国军队建设的普遍趋势。调整编制体制、优化军兵种结构等措施，军队规模更趋精干，战斗力普遍增强。

(3) 指挥控制自动化。20 世纪 70 年代作为指挥控制自动化的 $C^3I$ 系统，已经发展到了第四代——$C^4KISR$，这一成果取得，就是得益于高技术“数据链”的发展，它是整个指挥系统自动化的“神经中枢”。



(4) 作战空间多维化。随着科学技术在军事领域内的广泛运用，作战领域正逐步由传统的陆、海、空三维空间向陆、海、空、天、电(磁)、心六维空间扩展。谁拥有制信息权，谁就能掌握高技术战场的主动权。而制信息权又离不开制天权。

### 知识窗

北斗卫星导航系统是中国自行研制的全球卫星定位与通信系统(CNSS)，是继美国的 GPS 和俄罗斯的 GLONASS 之后第三个成熟的卫星导航系统。系统由空间端、地面端和用户端三部分组成，可在全球范围内全天候、全天时为各类用户提供高精度、高可靠的定位、导航、授时服务，并兼具短报文通信能力。北斗卫星导航系统将在 2020 年形成全球覆盖能力。目前其民用定位精度优于 5 m，授时精度优于 10 ns。

(5) 作战样式体系化。高技术条件下的战争是系统与系统之间的对抗，以单一军种为主的协同作战已发展到诸军兵种的联合作战。

正因为以信息技术为核心的军事高技术成为世界新军事变革发生和发展的直接动力，因此世界军事学术界中有人把新军事技术变革、新武器装备革命以及这些技术、武器装备的结构方式革命看做是这场世界新军事变革的本质内涵。世界新军事变革的实质是要把工业时代的机械化军队改造成信息时代的信息化军队。而武器装备的快速发展，又必然牵引军队的体制编制、军事理论、教育训练等方面的建设，使军事高技术与新军事变革之间互为因果、互为动力、互相促进、共同发展的关系在军队作战能力构成的诸要素间保持良性循环。

2. 中国特色新军事变革

世界新军事变革的迅猛发展，对我军的现代化建设即是挑战，也是机遇，能否抓住机遇，趁世界新军事变革发展之势，积极推进中国特色的军事变革，使我军信息化建设呈跨越式发展，将直接关系到我们能否真正在新世纪新阶段占据有利的发展态势；能否在未来信息化条件下的局部战争中打得赢；能否为全面建设小康社会提供坚强有力的安全保障。胡锦涛指出，我们要加强对世界新军事变革的研究，要把握趋势，揭示规律，采取措施，积极应对。并且，胡锦涛着眼国家安全环境的变化，把握我军建设的实际，适时提出加强基于信息系统的体系作战能力建设的重要战略思想，为今后一个时期军队信息化建设和积极推进中国特色的军事变革指明了方向。

要真正实现军队建设的跨越式发展，迎接新军事变革的挑战，就必须积极推进中国特色的军事变革的进程，在思想、理论、实践上积极进取，扎实稳妥地推进军事变革。



**知识窗**

**基于信息系统的体系作战能力**

基于信息系统的体系作战能力是我军独创术语，目前外军的概念体系中并无此词，类似于美军的联合作战能力和一体化作战能力。其核心是运用信息系统，把各种作战力量、作战单元、作战要素融合集成为完整的体系，共享战场信息、共同感知战场态势、准确协调战场行动、同步遂行作战任务，发挥个体之和大于整体的体系作战威力。

我们要坚持以正确的思想、理论指导军事变革。就是要把江泽民国防和军队建设思想以及胡锦涛关于全面推进军队革命化、现代化、正规化建设，做好军事斗争准备的一系列重要指示，作为全面推进中国特色军事变革的强大思想武器和行动指南。真正在思考和解决“建设什么样的军队、怎样建设军队，未来打什么样的仗、怎样打仗”上下工夫；在认真落实新世纪我军历史使命上下工夫。

坚持以科学发展观谋划军事变革。就是要在推进中国特色军事变革的进程中，坚持以人为本，认真贯彻和落实全面、协调、可持续的科学发展理念。在处理国防建设、军队建设与国家经济建设的关系时，在处理信息化建设与机械化建设的关系时，在处理当前军事斗争准备需要与军队信息化建设长远发展的关系时，在处理应对世界新军事变革发展趋势与凸显中国特色军事变革的关系时；都要自觉地以科学发展观来谋划军事变革全局；真正把科学发展观落实到中国特色军事变革的方方面面中去。

中国的军事文化有着几千年的悠久历史，我军建设与作战的指导思想是世界公认的科学军事指导理论。在以打赢信息化战争，建设信息化军队为主旨的中国特色军事变革中，针对涌现出来的大量新矛盾、新问题，要求我们不断加大开拓创新的力度、广度和深度，在军事理论的创新上，在军队整体结构的转型上，在军队政策制度的完善上，在军队发展道路的探索上，在军队建设效益的追求上等各个方面，提出新理论，拿出新思路，走出新路子，创立新成果。挑战面前，我们没有退路，在困难面前，我们更要进取，在这历史机遇面前，我们只有勇于开拓，才能在新军事变革中，实现军队建设的跨越式发展。

# 附　录

## 附录一　军训日常管理规定

根据训练与管理相结合的原则，军训中必须加强教育管理，通过日常施训与生活，培养学生的优良作风，为树立良好的校风、班风和学风打下坚实基础。

### 一、操课纪律

1. 课堂（会场）要认真听讲，做到"五无"：即无嬉笑、无交头接耳、无打瞌睡、无乱走动、无中途退场。

2. 操练要刻苦，做到"三个一"：即一心练过硬本领，不怕热、不怕累、不怕严、精益求精；一切行动听指挥，不讨价还价、不弄虚作假、不违反操作要求；抓紧一切时间坚持操练，不随便请假、不随便会客、不随便办与操练无关的事。

3. 课间休息做到"四不"：即不打闹、不躺卧、不回宿舍、不远离训练场。

### 二、一日生活作息制度

1. 起床

（1）听到起床号令后，全连人员（除全休病员）应立即起床（连值班员应提前十分钟起床），按规定着装，迅速做好出操准备。

（2）未经军训团首长允许，不得提前或推迟起床，因集体活动超过熄灯时间1小时以上时，由军训团值班首长确定推迟次日起床时间。

2. 早操

（1）早操以连或排为单位进行队列训练，因雨不能进行时，可组织打扫室内卫生或其他集体活动。

（2）早操通常30分钟，除担任公差勤务的人员和全休病员外，都要参加早操，半休病员到场可不参加操练。

（3）听到出操号令后，连值班员应迅速集合整队，清查人数，向连首长报告，由连首长带队到指定场地出操。

3. 整理内务和洗漱

(1) 早操后整理内务，清扫室内外卫生和洗漱时间不超过 30 分钟。

(2) 班值班员要协助班长检查并整理本班内务卫生，连值班员检查全连的内务卫生。

4. 用餐(早、中、晚饭)

(1) 按规定时间准备开饭。

(2) 连值班员提前 10 分钟召集各班值日员，集合带队到食堂做好开饭准备。

(3) 听到开饭号令后，以连为单位带队到食堂门前，由连值班员整队，宣布秩序，依次进入食堂，统一就位进餐。

(4) 就餐时要保持肃静，餐毕自行离开。

(5) 餐毕，班值日员要打扫卫生，擦洗餐桌，摆放整齐。

5. 操课

(1) 操课前应按课目内容做好准备工作，以连为单位集合整人，清查人数，检查着装和训练器材，带队到教室或训练场后，连首长要向主讲教官报告。

(2) 操课中，要周密组织，认真听讲，精心操练，遵守纪律，严防事故。

(3) 课间休息不准回宿舍，操练课目改变或转换训练场地时，应迅速做好训练器材交接工作和转换场地工作。

(4) 操课结束后，应检查器材，集合整队，由连长或排长讲评后，集体带回。

6. 午休(午睡)

(1) 午休时间除执勤外，必须停止各种活动卧床休息，保持肃静，严禁到处闲逛、打闹。



(2) 连值班员在午休时间要检查全连人员休息情况，对大声喧哗、来回走动的零散人员要进行制止，令其赶快休息。

(3) 午睡起床后，应按规定迅速整理好内务卫生，做好操课准备。

7. 晚点名

(1) 晚点名通常以连为单位于就寝前在室外列队进行，通常每日点名 1 次，时间不超过 15 分钟，星期日和节假日连队必须点名。

(2) 晚点名的内容包括清点人数，生活讲评，宣布次日工作或传达命令、指示。晚点名前，连首长应商定内容，由 1 人组织实施。

(3) 晚点名由连值班员集合整队，清查人数，向连首长报告。

(4) 唱名清点人数时，当听到呼名时，本人应立即答“到”，未到时由班长说明原因。

(5) 军训团晚点名应事先通知各连，晚点名由团值班员集体整队，向团首长报告。

8. 就寝

(1) 值班员在熄灯信号前 10 分钟，发出准备就寝信号，督促全连人员做好就寝准备工作。

(2) 听到熄灯信号立即就寝熄灯，不准讲话、吸烟、打手电、点蜡烛，要保持肃静，就寝时衣物要放置整齐。

## 三、请销假制度

1. 学生在操课时间内，非伤病员不准请假，各级干部无特殊理由不得请假。

2. 凡参训人员外出必须按级请假，按时归队销假，未经领导批准不得外出。各级领导要严格控制请事假的范围、时间和人数，不准超越权限批假。

3. 学生请假 1 日以内由连指认，超过 1 日或在校外住宿必须报军训团批准。学生请假外出时，干部必须交代注意事项，规定归队时间，对不请假外出或超假者，有关领导应当查明情况，严肃处理。

4. 对病号根据病情或医生建议，给以半休或全休。

## 四、值班制度

为维护军训团内部秩序，保持军训团指挥不断间断，确保军训任务的圆满完成，军训团必须建立严格的值班制度。

1. 军训团建立首长值班制度，由团长、政委及司、政领导轮流担任。

2. 军训团机关建立机关值班制度，团值班员由参谋、干事轮流担任。

3. 连队建立值班和值日制度。

4. 各级值班人员要坚守岗位，认真履行职责，填写值班日记，严格交接班手续，不得误事。

## 五、军训团值班首长职责

1. 熟悉掌握军政训练情况，维护军训团正常生活秩序。

2. 监督军训团日常活动，检查安全情况，预防各种事故。

3. 接受上级的命令、指示和下级的请示报告，并及时妥善处理。

4. 检查连级值班人员履行职责的情况。

## 六、团机关值班员职责

团值班员受军训团值班首长领导。其职责：

1. 了解首长所在位置、了解各连的位置及活动情况。

2. 接受上级的指示和下级的请示、报告、并及时向值班首长报告。

3. 及时将首长的命令、指示传达给各连和有关人员，并检查其执行情况。

4. 检查督促各连遵守安全规定，将军训团一日活动情况综合报告给值班首长，重要情况要随时报告。

5. 热情接待学生家长及因公来队的客人。

## 七、连值班员职责

连值班员由排长轮流担任，受连首长领导。其职责：

1. 了解全连人员的活动情况。
2. 维护全连的军容风纪和生活秩序。
3. 按连首长的指示派遣公差勤务。
4. 检查临时外出人员离校、归校情况。
5. 检查连队安全工作，及时处置突发情况。法
6. 负责全连人员集合时的整队、清点人数和带队。

## 八、汇报

1. 通常以口头方式逐级汇报，必要时也可越级汇报。汇报要及时、准确、简明扼要。各连应在每晚 20 时后向团部汇报一天的情况。

2. 发生事故和遇有特殊情况，要立即向团值班首长汇报。

## 九、查铺制度

1. 查铺一般有连值班员或干部轮流担任，团机关干部应该经常进行查铺并检查督促连队执行查铺的情况。

2. 查铺时应检查学生睡眠情况，所有人员是否在位，被子是否盖好，蚊帐是否掖好，服装、装具的放置是否符合要求等。

3. 查铺时动作要轻，不要影响学生的睡眠。

## 十、安全工作制度

1. 做好安全工作，预防各种事故发生，避免不必要的人员伤亡和物资丢失。各级领导要以高度的责任心，切实加强对安全工作的领导，坚持安全第一的指导思想，层层负责，措施有力。

2. 加强安全观念教育，提高对安全防事故工作意义的认识，根据军训各阶段训练内容和学生思想情况，针对安全工作中存在的主要问题，及时进行预防事故教育，使全体人员时时刻刻重视安全工作，把安全工作贯穿于日常管理和训练

的全过程中，对安全工作做得好的单位和个人及时表扬，成绩突出者，予以奖励。

3. 严格执行条令、条例和规章制度，经常检查安全措施的落实情况，发现问题及时纠正，适时进行作风纪律整顿，对违纪造成事故者，要予以纪律处分。

4. 根据在校组织训练的特点，要着重采取以下防范措施：

(1) 严防火灾和触电，不准卧床吸烟和乱扔烟头，严禁在宿舍内使用电器和随意乱拉(接)电线，照明设备有故障时要及时报告，不得擅自修理。

(2) 课外活动时间不得出校门，休息日按外出比例规定执行，严格请销假制度。

(3) 不准食用腐烂瓜果和变质饭菜，以免食物中毒。

## 十一、内务卫生

1. 内务卫生以团为单位统一规定，要求整齐清洁，统一有序，室内卫生应按公寓化管理要求清洁卫生。

2. 床单要清洁平整，被子叠成长 55～55 cm，宽 40～45 cm，置于床的一侧中间，蚊帐按规定统一挂好，褥下禁止放杂物、书籍等。

3. 铺下鞋子放置在一条线上，桌面茶缸、牙刷放置在一条线上，毛巾挂于室内中间铁丝上折齐，水瓶、脸盆必须统一放置整齐。

4. 室内床头严禁张贴纸、画，墙上不准钉钉子，课表、作息时间表、轮流值日表均应贴在门口，房门要贴住宿的班组，床头要贴床头名签。

5. 室内外地面清洁，严禁在室内、走廊上乱扔果皮、纸屑，燃烧废纸，禁止向楼道和窗外泼水、倒垃圾。

6. 不准随地吐痰和在桌面、室内外墙壁乱写乱画。

7. 建立卫生清扫值日制度，保持室内外清洁。

## 十二、军容军纪

1. 参加军训的干部、学生应按规定统一着装，并保持军容严整，仪表整洁。

(1) 着军服时应佩带帽徽、领花和规定的有关标志符号。

(2) 军帽要戴正，衣扣要扣好，不得挽袖、卷裤腿、披衣敞怀，内衣下摆不得外露。

(3) 参训男学生不准留大包头、大鬓角和胡须，女学生不准烫发，发辫不得过肩，不得佩戴任何装饰物品。

2. 军训着装分军服、军训服和便服。

(1) 隆重集会时着军服，操课时间统一按规定着军服或军训服。

(2) 外出时应着便服，严禁军便服混穿。

(3) 除体育活动外，离开宿舍不得赤背和只穿背心，不得穿拖鞋。

3. 参训干部、学生应举止端正，精神振作，姿态良好。

(1) 听取上级讲话和回答上级问话时，姿态要端正，听到上级呼唤自己时应立即答“到”，领导命令指示后应回答“是”。

(2) 进入首长室前应敲门或喊“报告”。首长、上级进入室内时应自动起立。

(3) 着军服时不准袖手或将手插入衣袋，不准边走边吸烟、吃东西、搭肩挽臂，严禁酗酒。

(4) 参加集会必须按规定时间、顺序入场，按规定位置就座，遵守会场秩序，不迟到早退，散会时按统一指挥依次退场。

(5) 外出时要遵守公共秩序、交通规则和社会公德，乘坐公共交通工具按次序上下，对上级、老幼、病残、孕妇等应主动让座。

### 十三、严格教育管理措施

1. 实行按级负责制，按级进行教育管理，将军训期间的表现与学分挂钩。

2. 加强共同条令宣传教育，使规定和要求做到人人明白，知道应该怎么去做，并讲清楚养成教育的重要意义，加强组织纪律性，培养优良作风，使学生充分懂得这样做的必要性。

3. 加强督促检查，发现问题及时进行纠正。

4. 及时进行讲评，表扬好人好事，指出不足之处，提出改进办法，加强集体主义思想教育，培养集体荣誉感。

5. 对违纪者视情节轻重，按学籍管理及行政管理有关制度给予严肃处理。



## 附录二　军旅歌曲大家唱

军训磨炼了我们的意志，把我们的部分生活推到了极限，使我们的精神随之焕然一新。它将会延伸到我们人生的每个春夏与秋冬。军装最美丽，军歌最嘹亮，做军人最自豪。军旅歌曲不仅是属于军人的，也是属于一个民族、一个国家的。它脍炙人口、铿锵雄壮、激昂慷慨。

经历过长期战争，书写了世界上最为辉煌战争篇章，并仍在续写着崭新军旅史册的我军，同样拥有着一条产生于各个不同历史时期的优秀军旅歌曲构成的辉煌长廊，我们当然有理由也有实力创作出富有 21 世纪我军独特气质与品格的军旅歌曲。

军营的生活离不开军歌。军歌离不开军营的生活。教官们的歌声是那么的悦耳，那么的洪亮。歌声中流露着当兵的人对部队生活的热爱，对家人的思念。跳动的音符让那些不为人知的军中故事，展现在我们的眼前。再坚强的人也会有软弱的一面。身在异乡的他们思念家乡，那种深诚的情感，以前不曾了解的感情，现在已体会，因为想念远在家乡的父母，他们一定也寄托了无数的牵挂。来吧，同学们，让我们一起唱起心中的军歌吧！

### （一）中国人民解放军军歌

向前！向前！向前！
我们的队伍向太阳，
脚踏着祖国的大地，
背负着民族的希望，
我们是一支不可战胜的力量。
我们是工农的子弟，
我们是人民的武装，
从无畏惧，
绝不屈服，
英勇战斗，
直到把反动派消灭干净，
毛泽东的旗帜高高飘扬。
听！风在呼啸军号响，
听！革命歌声多么嘹亮！
同志们整齐步伐奔向解放的战场，
同志们整齐步伐奔赴祖国的边疆，
向前！向前！
我们的队伍向太阳，
向最后的胜利，
向全国的解放！

### （二）三大纪律八项注意

革命军人个个要牢记
三大纪律八项注意
第一一切行动听指挥
步调一致才能得胜利
第二不拿群众一针线
群众对我拥护又喜欢
第三一切缴获要归公
努力减轻人民的负担
三大纪律我们要做到
八项注意切莫忘记了
第一说话态度要和好
尊重群众不要耍骄傲
第二买卖价钱要公平
公买公卖不许逞霸道
第三借人东西用过了
当面归还切莫遗失掉
第四若把东西损坏了
照价赔偿不差半分毫
第五不许打人和骂人
军阀作风坚决克服掉
第六爱护群众的庄稼
行军作战处处注意到
第七不许调戏妇女们
流氓习气坚决要除掉
第八不许虐待俘虏兵
不许打骂不许搜腰包
遵守纪律人人要自觉
互相监督切莫违反了

革命纪律条条要记清
人民战士处处爱人民
保卫祖国永远向前进
全国人民拥护又欢迎

**（三）咱当兵的人**

咱当兵的人，
有啥不一样，
只因为我们都穿着，
朴实的军装。
咱当兵的人，
有啥不一样，
自从离开家乡，
就难见到爹娘。
说不一样其实也一样，
都是青春的年华，
都是热血儿郎。
说不一样其实也一样，
一样的足迹，
留给山高水长。
咱当兵的人，
就是不一样，
头枕着边关的冷月，
身披着雪雨风霜。
咱当兵的人，
就是不一样，
为了国家安宁，
我们紧握手中枪。
说不一样其实也一样，
都在渴望辉煌，
都在赢得荣光。
说不一样其实也一样，
一样的风采在共和国，
旗帜上飞扬。
咱当兵的人，
就是这个样。



**（四）军中绿花**

寒风飘飘落叶
军队是一朵绿花
亲爱的战友你不要想家
不要想妈妈
声声我日夜呼唤
多少句心里话
不要离别时两眼泪花
军营是咱温暖的家
妈妈你不要牵挂
孩儿我已经长大
站岗值勤是保卫国家
风吹雨打都不怕
衷心的祝福妈妈
愿妈妈健康长寿
待到庆功时再回家
再来看望好妈妈
待到庆功时再回家
再来看望好妈妈
故乡有位好姑娘
我时常梦见她
军中的男儿也有情啊
也愿伴你走天涯

只因为肩负重任
只好把爱先放下
白云飘飘带去我的爱
军中绿花送给她
寒风飘飘落叶
军队是一朵绿花
亲爱的战友你不要想家
不要想妈妈
声声我日夜呼唤
多少句心里话
不要离别时两眼泪花
军营是咱温暖的家
不要离别时两眼泪花
军营是咱温暖的家

同学们，这些脍炙人口的军旅歌曲你们都会吗？来吧，敞开你们的心扉，唱出时代的音符，为祖国歌唱，为我们的未来歌唱！

## 附录三　军训成绩表

**学生军训成绩考核卡**（样卡）

学校：__________　中队________　班级________　姓名________　性别________
宿舍号________　床位号________

| 考核项目 | 纪律条令 | 内务条令 | 集合行军 | 团结协作 | 勤俭节约 | 吃苦耐劳 |
|---|---|---|---|---|---|---|
| 成绩等第 | | | | | | |
| 考核项目 | 军事理论 | 队列动作 | 单兵战术 | 实弹射击 | | 综合成绩 |
| 成绩等第 | | | | | | |
| 考核鉴定 | 教官（签名） | | 团首长（签名） | | 年　月　日 | |

注：1. 成绩等第分 A(优)、B(良)、C(合格)、D(不合格)，由指导教官填写。
2. 此卡一式两份，军训结束后由军训基地盖章后一份交学校，一份留基地，分别汇总存档备查。
3. “综合等第”由军训团首长根据实际训练科目之等第，按“A 多为 A，B 多为 B，出现一个 C 为 B，出现一个 D 为 C，再现两个及两个以上 C 或 D 的即为 C 或 C，C 和 D 各出现一次评为 C”的原则进行评价。

# 参考文献


1. 姚有志.国防理念与战争战略.北京:中国人民解放军出版社,2007.
2. 蒋百里.国防论.上海:上海书店出版社,2011.
3. 军事科学院军事历史研究所.中国人民解放军的八十年.北京:军事科学出版社,2007.
4. 中华人民共和国兵役法.北京:人民出版社,1998.
5. 中华人民共和国国防法.北京:人民出版社,1997.
6. 中华人民共和国国防教育法.北京:人民出版社,2001.
7. 中华人民共和国人民防空法.北京:人民出版社,1996.
8. 陆俊元.中国地缘安全(对中国当下安全环境的深度解读).北京:时事出版社,2012.
9. 许志功,赵小芒,赵周贤.科学发展观是指导国防和军队建设的世界观方法论.北京:中国人民解放军出版社,2010.
10. 丁晓昌,张政文.军事理论教程.南京:南京大学出版社,2010.
11. 芮鸿岩.新编军事理论教程.南京:东南大学出版社,2011.
12. 张秦洞.论新时期国防与军队建设.北京:军事科学出版社,2011.
13. 朱成虎.新中国成立以来国防和军队建设理论与实践.北京:时事出版社,2012.
14. 黄宏,洪保秀.世界新军事变革中的中国国防和军队建设.北京:人民出版社,2007.
15. 龚宗仁,徐本洲.军训实用读本.南京:东南大学出版社,2011.
16. 中国人民解放军军事科学院.中国人民解放军军语.北京:军事科学出版社,1997.